LES
40 OTAGES DE LA PRUSSE
A BEAUNE-LA-ROLANDE

EPISODE SANGLANT DE LA BATAILLE

Du 28 Novembre 1870.

Rapport a Sa Grandeur Monseigneur DUPANLOUP

Evêque d'Orléans,

PAR L'ABBÉ GARREAU, CURÉ DE PITHIVIERS-LE-VIEIL

Ancien curé de Lorcy, l'un des ôtages.

A ORLÉANS

CHEZ HERLUISON, LIBRAIRE-EDITEUR

17, rue Jeanne-d'Arc, 17.

1873

A SA GRANDEUR

Monseigneur l'Évêque d'Orléans

Membre de l'Assemblée nationale

L'ABBÉ GARREAU

Curé de Pithiviers-le-Vieil (Loiret).

MONSEIGNEUR,

J'ai l'honneur de vous adresser, à Versailles, le récit de nos épreuves, que Votre Grandeur a bien voulu me demander, en me promettant de le lire avec intérêt, malgré les occupations si graves qui lui incombent, surtout en ce moment.

C'est un récit fidèle des faits militaires, qui se sont passés à Beaune-la-Rolande et aux environs ; faits douloureux, dont j'ai été le témoin jusqu'à en être la victime.

Il me suffira, Monseigneur, que ces faits soient portés à la connaissance de Votre Grandeur ; et je ne leur donnerai une publicité plus étendue qu'autant qu'il Lui plaira de le vouloir pour un intérêt social, et l'accomplissement d'un devoir envers la patrie.

Je ne sais, Monseigneur, non plus que tant d'autres plus éclairés que moi, quand ce cher vaisseau qui s'appelle La France, et qui porte bien plus que César et sa fortune, puisqu'il porte l'avenir de la patrie et les destinées du catholicisme parmi nous, entrera dans ce port tant désiré de tous ; mais il est une raison, qui après plusieurs autres de premier ordre, me fait hâter de mes vœux ce jour béni ; or, cette raison, c'est celle de voir la France se relever plus grande et plus forte du milieu des ruines de l'heure présente, vis à-vis de cet Empire nouveau venu parmi les grandes nations de l'Europe, et qui ayant appris à tous les citoyens à tirer le glaive, doit un jour, dit l'Evangile, périr par le glaive ; peut-être par celui de la France régénérée par une éducation solidement chrétienne.

Ce jour-là, Monseigneur, vous le préparez depuis longtemps par vos efforts constants pour le salut de notre France, en lui faisant entendre depuis dix ans cette grande voix de vos avertissements patriotiques, qui ont eu le privilége d'être des prophéties des malheurs présents.

Oui, que la France aujourd'hui humiliée et incertaine de ses destinées, fasse enfin de bon cœur son appel à Dieu, après avoir fait si souvent et toujours inutilement ses appels au peuple ; et Dieu si bon lui apparaîtra dans son malheur, à l'horizon sanglant de l'Alsace, pour lui montrer le chemin du retour à la gloire et à la paix, qui est, à mon humble avis, un appel au Roi.

Veuillez agréez, Monseigneur, la nouvelle assurance du plus profond respect et de la vive reconnaissance,

Avec lesquels j'ai l'honneur d'être, Monseigneur, de Votre Grandeur, le très-humble et très-obéissant serviteur.

L'abbé A. Garreau,

Curé de Pithiviers-le-Vieil.

Le 2 février 1873, fête de la Présentation de Notre Seigneur et de la Purification de la Très-Sainte Vierge Marie.

Versailles, avenue de Paris 57, le **5** février **1873**.

MON CHER AMI,

J'ai reçu votre bonne lettre et votre précieux manus-
crit ; je l'ai lu avec le plus profond intérêt ; je ne tarderai
pas à vous en écrire plus au long.

Si vous voulez le faire imprimer, je vous y autorise
bien volontiers.

Tout à vous bien affectueusement en Notre Seigneur,

+ FELIX, Evêque d'Orléans.

MONSEIGNEUR

C'était le jeudi 24 novembre 1870. Le canon grondait à Ladon, à quelques kilomètres seulement de Lorcy; depuis 10 heures du matin jusqu'à 5 heures du soir, nous écoutions pleins d'anxiété, ce bruit formidable de la bataille. 1200 soldats français, de toutes armes, retranchés dans les maisons et les fossés d'alentour, étaient aux prises avec une colonne de 7,000 Prussiens. Ce combat fut des plus glorieux pour nos troupes ; car dans ce jour-là, chacun des nôtres abattit un ennemi ; et si vers la fin de la journée, nos soldats se replièrent, ils eurent au moins la gloire et la consolation, de retarder la marche de l'ennemi et de lui infliger des pertes considérables.

Pendant ce combat terrible, où la fusillade n'eut point de relâche, nous assistions tristement au défilé devant nous de 15 à 20,000 Prussiens, qui se dirigeaient, par Juranville, sur Beaune-la-Rolande; c'était une partie de l'armée de Metz, qui venait au secours du général Von der Thann, battu par nos jeunes troupes à Coulmiers. Quel horrible spectacle pour nos yeux, que de voir passer toutes ces provisions de guerre, ces canons, ces caissons de poudre, au milieu de ces bataillons serrés !

En voyant un tel déploiement de forces ennemies, nous étions naturellement en proie aux plus vives appréhensions ; et puis, nous le sentions bien, nous allions devenir comme les communes voisines, le champ de bataille lui-même ; nous demandions au Dieu des armées de doubler le courage et la force des nôtres, pour être délivrés bientôt de la présence de l'ennemi et d'une occupation si désastreuse pour la France.

Le 25 Novembre nous étions littéralement envahis et occupés militairement ; les routes surtout étaient gardées et interdites, et déjà chacun de nous pouvait se considérer comme étant prisonnier dans sa propre maison.

Des postes nombreux étaient établis surtout dans les bois qui environnent Lorcy ; à chaque minute, des cavaliers passaient et repassaient ; c'étaient des éclaireurs qui poussaient de plus en plus loin leurs reconnaissances; quelques-uns s'en revenaient avec leurs chevaux grièvement blessés : les Français n'étaient pas loin.

Le 26 au matin, même manœuvre que la veille ; les cavaliers prussiens sondaient toutes les routes ; ils paraissaient anxieux autant que nous mêmes : ils sentaient pour eux l'approche de l'ennemi. Un combat allait se livrer chez nous ; nous passions sans doute par des angoisses bien naturelles ; mais chacun de nous faisait des vœux bien ardents pour nos chers soldats.

En effet, le 26 vers 3 heures du soir, les Français, rentrés bientôt dans Ladon, après le victorieux combat du jeudi, voulant faire une reconnaissance de l'armée prussienne, signalée à Lorcy et à Juranville, trois escadrons composés du 7e chasseurs à cheval, capitaine Gandon, de mobiles, colonel Girard et de francs-tireurs de Cathelineau, s'avancèrent vers nous, sans compter le nombre des ennemis, comme il est très-ordinaire aux soldats français. Or, il y avait à Lorcy et dans les environs, près de 5,000 Prussiens, pour recevoir nos 600 éclaireurs.

La petite troupe s'aperçut bientôt, aux approches de Lorcy, qu'elle allait avoir affaire avec forte partie. Il fut question même, un instant, de se retirer, sans engager un combat aussi disproportionné; c'était l'avis de quelques officiers, surtout du capitaine Gandon, qui voyait là une témérité et qui contenait à grand'peine les murmures de ses chasseurs. Toutefois le colonel Girard ordonna de marcher en avant. — « On le veut, dit le capitaine Gandon, eh bien ! mes amis, marchons à la mort ! je veux être à votre tête et charger des premiers » ; il s'y mit en effet et, après la première décharge, mettant le sabre à la main, il se lança sur l'ennemi. De son côté le colonel Girard se mit bravement à la tête des mobiles et il pénétra au milieu d'une fusillade des plus vives, jusque dans l'intérieur du village où les Prussiens embusqués dans les maisons et les fossés, tiraient presque sans danger pour eux-mêmes, sur nos braves soldats.

On ne saurait bien se figurer la consternation et la frayeur des habitants, au moment de ce combat, où nos ennemis s'étaient fait de leurs maisons un retranchement contre nos troupes.

Les hommes, les femmes, les enfants, les vieillards accoururent vers l'Eglise et le presbytère, qui se trouvaient du côté opposé de la fusillade; tous me demandaient un asile contre les balles qui pleuvaient de toutes parts ; j'ouvris ma maison à tout le monde ; j'allai moi-même sur la place, aidant aux pauvres mères à porter leurs petits enfants et les quelques effets indispensables qu'elles avaient pris avec elles, dans la crainte du pillage et de l'incendie. Au milieu des balles qui arrivaient jusqu'à nous, je pressai leur entrée en lieu sûr, heureux que j'étais de pouvoir les sauver de la mort. Je voulus un instant les quitter, pour aller à l'Eglise prier Dieu et préserver le Saint-Sacrement de toute insulte; mais on me pria tellement de rester au milieu de tous, que je restai en effet, au milieu de mon troupeau réuni en partie sous ma main, pour le soutenir dans cette heure d'angoisses mortelles et pour partager ses dangers.

Cependant la fusillade était vive : nos Français arrivant bravement par la route de Chevenelle, faisaient feu sur les Prussiens qu'ils pouvaient débusquer ; leurs coups furent des plus heureux ; car dans ce combat d'une demi-heure environ, et qui ne fut vraiment qu'une escarmouche, seize officiers prussiens, de leur propre aveu, furent tués ou grièvement blessés.

C'était une reconnaissance à faire de l'armée ennemie; elle était faite, nos intrépides soldats avaient trouvé chez nous réunis 5 ou 6,000 Prussiens. Il fallut se replier vers Ladon, en présence d'un ennemi si supérieur en nombre.

Hélas! tous ceux qui étaient venus avec tant d'ardeur et de courage ne s'en retournèrent pas ! Le sang avait coulé des deux côtés; du côté des Français, plusieurs chasseurs furent tués et, à leur tête, le brave capitaine Gandon, qui tomba glorieusement en jetant à la France et à sa famille ce cri de suprême adieu : « O France ! O ma femme ! O ma mère ! O ma fille ! » — Il ne mourut de sa blessure que fort avant dans la nuit, répétant à chaque minute ces noms qui contenaient tout l'amour de son cœur.

Le colonel Girard paya aussi de sa vie avec plusieurs mobiles des Pyrénées-Orientales la hardiesse de cette attaque, qu'il commandait en personne ; une balle lui traversa les flancs ; et ces deux officiers reposent, à l'heure qu'il est, dans le cimetière de Lorcy, à côté de tant d'autres, qui ont donné à la France le plus grand témoignage de l'amour et du dévoûment, par leur sang répandu.

Les Français se retirèrent donc vers Ladon, où se trouvait le gros de l'armée ; les Prussiens poursuivirent mobiles et chasseurs, à deux kilomètres du bourg, jusqu'au bois de Chevenelle. Là ils s'arrêtèrent tout à coup, sous le feu des francs-tireurs, qui comptant sur la retraite de leurs compagnons d'armes et leur poursuite par l'ennemi, s'étaient là embusqués à dessein ; ce nouveau combat fut sanglant : un baron et un colonel prussien restèrent sur le terrain ; la rage de l'ennemi fut au comble : avant de se retirer, ils voulurent se venger de leurs pertes, et ils allumèrent bravement, à la main, un immense incendie chez le sieur Dupré, où ils brulèrent avec un troupeau de moutons, leurs soldats tués dans le combat ; à côté de cette maison en flammes, ils en brulèrent une autre, la maison d'une pauvre femme plus qu'octogénaire, la veuve Chambon, qui ne put malgré ses cris, ses larmes et ses supplications, conjurer la rage du soldat et sauver sa chaumière.

Restés maîtres de Lorcy, après la retraite des Français, les Prussiens fouillèrent toutes les maisons, où ils croyaient trouver à chaque porte un bataillon de francs-tireurs ; les portes, les croisées et les vitres volaient en éclats sous la crosse du fusil de ces braves ; bientôt nos vainqueurs arrivèrent de la sorte jusqu'à l'Eglise, jusqu'au presbytère ; ils étaient rouges de colère et leurs yeux roulaient du sang.

A leur approche, je fis ouvrir les portes du presbytère et je me trouvai le premier en face de ces héros, qui me mirent, ce fut leur premier mouvement, leurs baïonnettes sur la poitrine en me traitant de franc-tireur, et même en me décernant le titre de commandant de francstireurs !

Je protestai de mon mieux, en leur disant que je n'avais pas d'armes et que maison n'en cachait aucune. Ce fut alors que je montrai à ces furieux le régiment dont j'étais le capitaine : des femmes, des enfants, des vieillards, qui osaient à peine sortir de leur retraite. La vue de ces êtres faibles et innocents ne put apaiser nos ennemis.

On persiste à croire que je n'étais qu'un franc-tireur déguisé ; on voulait trouver chez moi des chassepots, des révolvers, peut-être des pièces de canon.

Un officier se présenta et me signifia devant tout le monde, que si une arme quelconque était trouvée dans ma maison, je serais fusillé à l'instant. J'y consentis. Alors commença une visite en règle de tout mon presbytère, de la cave au grenier. On n'oublia aucun meuble aucun coin. On ne trouva rien de compromettant.

Alors mes braves dragons verts me conduisirent à l'Eglise, ayant toujours la baïonnette au canon du fusil. On fouilla partout ; on souleva tous les meubles et jusqu'au marche-pied de l'autel. On ne trouva rien. Puis vint le tour du clocher, des voûtes de l'Eglise ; ils montèrent avec moi d'un air triomphant, toutefois aussi d'un air défiant, me mettant toujours en avant de leurs baïonnettes et se tenant en garde contre toute surprise des francs-tireurs, cachés peut-être sous les pierres de la voûte ou les ardoises du clocher.

De bas en haut, la fouille se fit de la manière la plus consciencieuse et là comme ailleurs on ne trouva ni chassepots, ni canons, ni mitrailleuses ; mais on crut voir sans doute, dans les nuages, des bataillons ailés de francs-tireurs de la mort.

La surprise des dragons fut grande autant que leur colère. On me reconduisit chez moi, au milieu des enfants, des femmes, des pauvres pères de famille, qui avaient tous été consignés par l'officier commandant, à qui il fallait plutôt des victimes que des coupables.

Aucune arme, d'aucune sorte, n'avait été trouvée chez moi, ni sur aucun de ceux à qui j'avais donné asile ; on devait, ce semble, nous laisser en liberté... Point du tout ! On s'était battu dans ce village, le sang prussien avait coulé, d'autres combats allaient se livrer bientôt sans doute, il fallait bien jeter l'épouvante et procéder par la terreur. C'était la tactique adoptée par les Sages de Berlin. Nous allions, au nom du Roi, être arrêtés et commencer un voyage dont le terme pour plusieurs était la Prusse.

L'officier commandant, entouré de ses soldats, vint à moi d'un air farouche et me dit avec son sabre levé : « Vous avez tiré sur nos troupes, de cette maison ! Un de nos soldats est tombé mort, frappé par une balle venant de ce côté. — Monsieur, lui répondis-je, nous n'avons pas d'armes... Les armes ont été dernièrement retirées des mains des citoyens par l'autorité municipale. » Il n'en voulut rien croire ; il ne prit pas même la peine de s'en assurer.

« Vous êtes notre prisonnier ! vous et tous les hommes qui sont ici, vous êtes des francs-tireurs, vous irez à Corbeil-sur-Seine, passer au conseil de guerre, vous serez fusillés. »

A ces paroles du commandant, un hourrah formidable se fit entendre de la part de tous les soldats réunis sur la place.

Pendant ce temps-là, une scène toute semblable se passait chez Monsieur le Maire de Lorcy, M. Moreau. Il était resté chez lui pendant le combat, ignorant sans doute ce qui se passait au presbytère. Personne, plus que lui ne méritait, ce semble, le respect et la bienveillance du vainqueur ; car depuis plusieurs jours, il nourrisait à sa table 150 dragons prussiens ; rien n'y fit. Un des réfugiés du presbytère, M. Langevin, employé du Crédit foncier à Paris, homme intelligent autant qu'énergique, fut requis pendant la fouille de l'Eglise, pour aller au domicile de M. le Maire, au milieu des soldats ivres de sang, qui le voyant passer escorté de deux des leurs, l'insultèrent sans mesure, le frappèrent rudement, comme ils auraient fait à un capitaine de francs-tireurs.

Monsieur le Maire fut donc arrêté, arraché de sa maison, malgré son grand âge et ses infirmités et amené parmi nous ; aucune protestation ne valut de sa part non plus que de la mienne ; on nous répétait sans cesse que le civil avait tiré sur la troupe prussienne pendant le combat et qu'un soldat précieux sans doute avait été tué par les habitants.

J'ai su depuis qu'un dragon prussien nourri chez Monsieur le Maire, était à table quand apprenant, tout à coup, l'arrivée des Français par la route de Ladon, il se leva précipitamment pour rejoindre les siens ; or, il avait fait à peine quelques pas dans les vignes, qu'il tomba roide mort, non pas d'un coup de feu, mais bien d'un coup de sang, comme on put le constater plus tard ; la vue des soldats français avait troublé la digestion de ce brave des braves ; il tomba sans blessure extérieure et il repose maintenant dans les vignes du château de Monsieur le Maire.

N'est-ce point en réparation d'un tel dommage que

nous avons subi tant d'injures, d'outrages et de privations de toute sorte?

Bientôt Monsieur le Maire et M. Langevin sous bonne
escorte et au milieu d'affreux hourahs arrivèrent parmi
nous. Je serrai la main de M. Moreau et je compris
sans peine, qu'il allait partager notre triste destinée.

Dans le nombre considérable des personnes à qui
j'avais donné asile pendant le combat, se trouvaient 14
hommes, pères de famille pour la plupart et n'ayant
chacun pour armure, qu'un enfant dans ses bras. Ils
furent tous arrêtés comme moi et avec moi. « Au moins,
dis-je au commandant, laissez aller en liberté ces femmes,
ces enfants et ce pauvre vieillard infirme marchant avec
deux béquilles. » On relâcha les femmes et les enfants ;
on garda le pauvre vieillard franc-tireur !

Les femmes et les enfants pleuraient autour de leurs
maris, de leurs pères, s'efforçant en mille manières de
fléchir le courroux prussien : larmes stériles ; le cœur
n'est pas le côté brillant du soldat teuton. Il fallait à
chaque instant arracher les petits enfants des bras de
leurs pères. Rien ne coûtait, ce semble, aux soldats d'Hérode ; ils se prêtaient sans faiblir à cette triste besogne.

Chaque mère s'attachait à son mari, et voulait le retirer de ce carré militaire formé autour de nous et que
nous ne pouvions franchir, sans nous exposer à être
fusillés sur place ; on nous l'avait signifié, à haute voix,
en faisant armer les fusils de nos gardiens.

Dans ce moment on vit arriver vers nous un brancard
recouvert de paille, où étaient étendus deux offic'ers
prussiens grièvement blessés au combat de Chevenelle,
par les francs-tireurs de Cathelineau ; l'un avait reçu un
coup de feu à la bouche et l'autre en pleine poitrine. Or

parmi les porteurs, je remarquai un excellent habitant
de ce village, nommé Thomas Presle, qui avait prêté
ses robustes épaules, pour transporter ces deux insignes
blessés ; pour toute récompense, il fut traité lui aussi de
franc-tireur ; au sortir de mon presbytère, il fut pris par
ces ingrats et rangé parmi nous.

Cependant les deux officiers prussiens furent déposés
chez moi, dans mon propre lit. Ma sœur s'empressa
autour d'eux, avec tout ce dévoûment si naturel à la
femme chrétienne, qui ne fait plus acception des personnes, dès lors qu'elle voit du sang à épancher, des bies-
sures à fermer. Rien n'égala ce jour-là son courage et sa
charité, malgré toute la douleur de son âme. Je la voyais
donner à pleines mains aux officiers prussiens tout ce
qu'il y avait de meilleur dans ma maison, en fait de
nourriture et de boisson ; elle pensait, qu'à force de com-
plaisances et de procédés délicats, elle parviendrait à
fléchir les cœurs de nos ennemis et contribuerait ainsi à
notre élargissement ; ses frais de bon cœur furent inutiles,
son calcul se trouva faux, vis-à-vis de ces Allemands.
L'officier commandant, après avoir reçu d'elle tout ce
qu'elle pouvait lui offrir, ne craignit pas de donner
devant elle-même, le signal du départ pour Corbeil-sur-
Seine. C'était là que nous devions trouver, suivant lui,
les juges de Berlin, seuls capables de décider en un cas
aussi grave que le nôtre. Nous allions partir. Je demandai
à prendre des souliers : j'étais en sabots, à prendre mon
bréviaire dont je ne m'étais jamais vu séparé ; on me
répondit que je ne pouvais quitter le carré militaire
formé autour de nous ; le signal du départ fut donné ; la
nuit déjà était arrivée : nous partîmes à la lueur sinistre
des baïonnettes.

D'un côté, c'étaient des cris de rage et des sentences

de mort prononcées à chaque pas contre nous ; d'autre part, c'étaient des larmes, des sanglots déchirants des mères et de leurs enfants. Ces lamentations si touchantes redoublaient les cris des Prussiens. C'étaient des clameurs formidables et telles que je n'en avais jamais entendues, si ce n'est des sauvages de l'Afrique ! Quels cris effrayants ! vraiment les Allemands ne font rien à demi. Partout dans leurs rangs circulait cette rumeur absurde autant qu'injuste, qu'on avait trouvé chez moi un dépôt d'armes et un bataillon de francs-tireurs déguisés en paysans ; il faut qu'ils aient eu beaucoup à souffrir de ces derniers pour en concevoir une telle frayeur.

<h2 style="text-align:center">II.</h2>

Nous arrivâmes ainsi après ce premier tribut d'outrages, au premier poste prussien, établi à Lorcy même, dans la maison d'un des pauvres prisonniers ; sa femme était de retour chez elle avec ses trois petits enfants ; en voyant arriver son mari chez lui-même, comme prisonnier, elle jeta des sanglots qui se grossirent des cris de ses enfants. Ce pauvre père ne put qu'embrasser, à la dérobée, sa femme en pleurs et sa petite famille ; après un quart d'heure de halte, dans cette maison, on donna le signal du départ pour Beaune-la-Rolande, par Juranville. Tous les prisonniers formaient un même cortège ; les civils et les quelques soldats français, tombés aux mains de l'ennemi, à la suite du combat.

Nous reprimes notre route, au milieu des soldats devenus de plus en plus menaçants et qui ne pouvant se faire comprendre autrement, nous montraient leurs baïonnettes et leurs fusils tout armés s'il nous venait à l'idée de quitter les rangs pour nous enfuir. Ce langage était pour nous des plus effrayants ; toutefois, c'étaient bien des menaces inutiles ; aucun de nous n'avait encore la pensée de s'évader, tant nous avions conscience de notre innocence ; nous étions persuadés qu'après le simple exposé des faits devant l'autorité compétente, nous serions mis en liberté. — Nous croyons qu'il y avait encore des juges à Berlin. Quelle affreuse destinée que la nôtre ! nous cheminions tristement, en vrais prisonniers, sur ces routes si connues de nous tous, et que nous avions si souvent, dans des jours meilleurs, parcourues en pleine liberté. Les sentiments les plus douloureux se pressaient dans notre âme, en nous voyant tombés en de telles mains et conduits, la nuit tombante, à la splendeur des lances et au brillant des glaives. Il nous fallut toutefois ralentir notre marche, car nous traînions avec nous ce pauvre vieillard de 78 ans, le sieur Daire, marchant avec deux béquilles et qui, depuis longues années, n'avait guère quitté sa demeure, ni perdu de vue son clocher ; il lui fallut faire un effort suprême, pour arriver avec nous jusqu'au Pavé de Juranville.

III.

Là, le cortége s'arrêta ; et nous passâmes à une seconde revue. On nous appela francs-tireurs ; tous les soldats accourus pour nous voir nous annoncèrent que nous allions être pendus. On nous insulta de nouveau ; je reçus un coup de pied d'un valet ou d'un brosseur ; c'était la seconde fois que j'étais frappé.

Un officier supérieur arriva. « C'est bien triste, dit-il, en s'adressant à moi de voir un pasteur ici, en compagnie de ces francs-tireurs ! »

« C'est bien triste, en effet, pour moi, Monsieur l'officier, de me voir arrêté comme prisonnier, sans en savoir les raisons, et sans avoir fait d'autre mal à vos troupes que d'avoir souhaité tout bas la victoire aux nôtres. » Il n'écouta pas même ma réponse, qui était mon excuse. Il s'était éloigné au premier mot de ma bouche. Je me rappelai Pilate demandant la définition de la vérité et s'éloignant tout aussitôt, sans écouter même la réponse de Celui qui était la vérité incarnée.

Alors parut le Général. Il nous parla avec moins de prévention ; il laissa voir même un peu de cette franchise, si rare dans la bouche des Allemands.

« Si vous n'avez rien fait, Monsieur le curé, me dit-il, il ne vous sera rien fait ; mais nous sommes obligés d'agir ainsi pour la sécurité de nos troupes. »

A ces paroles, chacun de nous répondit : « nous sommes innocents ! nous n'avions pas d'armes ! »

Il allait se retirer en nous laissant, malgré cette protestation, aux mains de ses soldats ; je me hâtai de lui déclarer que nous avions parmi nous un vieillard infirme, qui ne pourrait suivre plus longtemps cette marche militaire et qui forcément resterait en route. Il le fit comparaître et poussa la magnanimité jusqu'à le tirer de nos rangs et à le retenir encore en prison, pendant plusieurs jours près de lui, au Pavé de Juranville.

Pour nous, nous avions un bien autre chemin à faire, puisque plusieurs parmi nous, devaient aller jusqu'à Dresde, au royaume de Saxe.

Nous reprîmes, sous la garde de nouveaux soldats, notre route vers Beaune-la-Rolande. Or, dans ce trajet, nous méditions tous ensemble les paroles sentencieuses du Général. « Si vous n'avez rien fait, il ne vous sera « rien fait ! » Certes, je ne sache pas quel tourment plus douloureux, si ce n'est la mort peut-être, eut pu être infligé à de vrais coupables. Vraiment, Monsieur le général, nous autres Français nous ne comprenons rien à ce droit nouveau édité à Berlin et que vous promulguez de la manière la plus violente, sur la tête des citoyens les plus honnêtes et les plus innocents; n'est ce donc rien nous faire, que de nous arracher ainsi de nos maisons, de nous laisser couvrir d'injures et de coups par vos soldats, et de nous traîner en captifs, en nous faisant entendre, à chaque pas, des menaces de mort les plus imméritées?

Telles étaient nos réflexions bien naturelles et bien légitimes, dans ce rude chemin, que nous avait fait cette guerre cruelle.

Dans la boue jusqu'à mi-jambe, nous arrivâmes vers 9 heures du soir à Beaune-la-Rolande.

La ville toute entière était peuplée de nos ennemis; les habitants, pour la plupart, avaient été obligés de fuir et d'abandonner leurs maisons aux envahisseurs : il n'y avait plus pour eux de moyens d'existence, en présence de ces milliers d'Allemands. toujours affamés, que nous pouvions voir chaque jour arracher bravement un morceau de pain aux propres mains des petits enfants.

En arrivant dans cette ville désolée, nous fûmes accueillis par des cris furieux et des prophéties d'une mort prochaine. Au milieu d'un groupe de soldats prussiens, je fus interpellé par l'un d'eux, qui me donna cette dénomination parfois touchante de *camarade!* c'était le premier mot de sympathie, que j'eusse entendu jusque là. Aussi, je crus qu'il était de mon devoir de n'y pas rester insensible, quoi qu'il me vint de la part d'un ennemi.

Je demandai donc en langue latine. à cet homme, s'il était comme moi prêtre catholique? Il détourna la tête sans paraître même me comprendre, et j'en conclus qu'il était tout au plus ministre protestant.

La nuit était sombre et froide ; il commençait à pleuvoir. On nous arrêta pendant une demi-heure environ à la porte du général qui était à table ; nous attendions là, sous la pluie, la fin du diner de son Excellence et de l'État-major. Un prussien à table ne se dérange pas pour si peu. Enfin, un ordre arriva de nous interner dans la crypte, sous l'église de Beaune. On nous dirigea de ce côté. Nous reçumes dans ce nouveau parcours une nouvelle ration d'injures. On nous poussa violemment dans ce souterrain, en nous promettant bien que le lendemain dès l'aurore nous serions fusillés.

Tous mes compagnons de captivité parurent satisfaits presque autant que moi, d'avoir pour cette première nuit la maison de Dieu pour asile ; pour moi, je remerciai Dieu de m'avoir accordé cette consolation, à la fin d'une journée où nous avions essuyé tant d'outrages de la part du farouche vainqueur.

On nous apporta pour toute nourriture un sceau d'eau, auquel personne ne toucha : heureusement qu'avant notre départ de Lorcy, ma sœur avait eu la précaution de distribuer à chacun de nous, malgré la menace des soldats, quelques morceaux de pain qu'elle avait eu peine à soustraire à la rapacité des prussiens. Ce fut là tout notre repas.

On ferma sur nous, la porte de la crypte ; un poste s'établit à l'extérieur et nous pûmes respirer un instant entre nous seuls, en dehors des baïonnettes. Pour éclairer nos ténèbres, j'eus l'idée d'allumer un cierge, de reste à l'autel de Notre-Dame-des-Sept-Douleurs ; à la faveur de cette lumière, nous pûmes nous voir un peu et nous reconnaître ; nous nous demandions surtout ce qu'à la fin nos ennemis allaient faire de nous ! Or, malgré le bon témoignage de notre conscience, à vrai dire, nous n'étions pas sans alarmes ; car nous savions que déjà plusieurs honnêtes citoyens de Juranville et d'ailleurs, avaient été arrêtés de la sorte et fusillés sans jugement. Je savais moi-même que deux de mes confrères voisins, M. l'abbé Robillard, curé de Bordeaux, et M. l'abbé Mathieu, curé de Gaubertin, avaient été faits prisonniers par l'ennemi et suivant la rumeur publique, ces Messieurs, malgré leur innocence palpable, avaient été cruellement frappés et finalement mis à mort. Nous ne pouvions espérer un sort meilleur ; toutefois, nous fîmes ensemble notre prière devant l'autel de la Sainte-Vierge et chacun de nous s'installa de son mieux sur les chaises de la crypte pour prendre un peu de repos.

IV.

La première nuit se passa ainsi dans cette maison de Dieu. Le lendemain, à la première heure du jour, la porte s'ouvrit. Nos gardiens venaient à nous pour nous reconnaître et nous compter.

En entendant le cri des verroux sous la main de nos ennemis, plusieurs parmi nous tressaillirent, et s'approchant de moi d'un air consterné : « M. le curé, me dirent-ils, ils vont peut-être nous fusiller ! — Mes amis, « leur répondis-je, mettons notre confiance en Dieu : « nous avons plus à compter sur sa protection que sur la clémence des prussiens. »

Un officier nous apparut, demandant M. le maire de Lorcy et M. le curé, à son appel, nous nous avançâmes d'un front calme. Il nous ordonna de le suivre entre quatre soldats armés. Nous pensions aller à l'audience de nos juges. Il n'en était rien. On nous fit traverser la place de l'église et monter dans une chambre haute de

la mairie, convertie, à cette heure, en corps de garde
et en prison.

C'était peut-être une attention de nos vainqueurs ; car
nous trouvâmes, là haut, avec le luxe d'un lit de paille
étendue par terre, un air moins vicié et partant plus
respirable ; de plus, nous nous trouvions en compagnie
de plusieurs maires et adjoints des environs, arrêtés
comme nous et pour des raisons toutes semblables, M. le
maire de Mézières sous-Bellegarde, pour n'avoir pu dire
bien au juste le chiffre des troupes françaises, qui cam-
paient sous Bellegarde, celui de Montbarrois, pour n'a-
voir pas apporté assez de diligence à servir des requi-
sitions, celui de Juranville pour des raisons de même
nature.

Dans une chambre obscure, contigüe à la nôtre, gi-
sait aussi sur la paille le digne sous-préfet de Montargis,
M. Charbonnier, saisi chez lui-même et emmené à travers la ville, les mains liées derrière le dos, pour n'avoir
pas fait un assez bon visage à l'ennemi ; et aussi M. de
Vaublanc, noble Otage de la même ville, arrêté sans raison aucune, arraché de sa maison et traîné comme nous
à la suite du vainqueur.

Dans cette prison nouvelle, M. le maire de Lorcy, le
vénérable M. Moreau, se trouva en présence d'un de ses
parents, M. Brunet, son neveu, maire de Mézières ;
c'était une attention de la divine Providence à son égard ;
il n'aurait pu supporter seul, sans l'aide d'un bras ami,
toutes les marches et contre-marches qu'il lui fallut en-
durer, quand il fut séparé de nous.

Il était dix heures et nous n'avions rien mangé encore
depuis la veille ; ces messieurs demandèrent à nos gardiens du pain et de l'eau. Le pain et l'eau n'arrivèrent

point de ce côté; mais notre père céleste ne nous abandonna pas. Nos ennemis ayant permis à M. le doyen de Beaune et à M. le vicaire de monter un instant jusqu'a nous, ces Messieurs, que nous connaissions tous, pleuraient de douleur en nous voyant dans un si triste état. Nous leur demandâmes des vivres; car plusieurs parmi nous mourraient de faim. Grâce à leur brassard, ils purent descendre et remonter, nous apportant en cachette du pain, du vin et ce qu'ils purent trouver de meilleures provisions. Nous partageâmes ces vivres entre les prisonniers, en remerciant le ciel de nous avoir procuré par de si bonnes mains le pain de ce jour. Ces Messieurs me promirent de s'occuper aussi des pauvres ôtages detenus dans la crypte et qui étaient aussi abandonnés que nous. Ils tinrent parole et devinrent ainsi avec M. le maire de Beaune et quelques dames généreuses, qui n'avaient pas encore fui devant l'ennemi, la providence des prisonniers. Ce qui ajoute encore au désintéressement de nos bienfaiteurs, c'est qu'il leur fallait prendre sur leur propre nécessaire, pour nous procurer quelques soulagements; c'est qu'il leur fallait, à chaque fois, parlementer et descen lre jusqu'aux supplications pour arriver jusqu'à nous. Heureusement M. le vicaire de Beaune parlait l'allemand et pouvait ainsi triompher plus aisément des résistances de nos gardiens, à la condition toutefois qu'il leur abandonnerait une large prime sur le pain de charité qui nous était destiné.

C'était le dimanche. J'aurais eu le plus grand désir de célébrer le Saint-Sacrifice de la messe et de procurer aux prisonniers de la crypte cette consolation. Il fallut y renoncer et pour eux et pour moi. Seulement, j'eus le bonheur de me procurer un bréviaire, qui me fut remis par les soins de M. le doyen de Beaune. Il ne m'avait pas été permis, avant de quitter mon presbytère, de prendre cet ami et compagnon inséparable du prêtre.

La journée du dimanche se passa sur la paille, sans autre incident que l'interrogatoire de M. le maire de Lorcy, à qui le commandant de place reprocha violemment d'avoir fait tirer sur ses troupes durant le combat de la veille. Aucune protestation ne fut écoutée, aucune excuse, ni explication ne valut. Le commandant était furieux et toujours menaçant.

Après cet interrogatoire, ou plutôt ces reproches violents autant qu'injustes, M. le maire fut reconduit dans la crypte, et je m'attendais tout naturellement à paraître, à mon tour, devant mon juge militaire ; ma déposition était toute prête et des plus faciles à faire, comme on peut l'imaginer par le récit des faits déjà racontés, mon tour de parler n'arriva point, mais mon tour de souffrir ne tardera guère.

V.

A travers la croisée donnant sur la place, nous pouvions remarquer des marches continuelles d'hommes et de chevaux, de voitures de guerre et de canons de campagne ; une animation extraordinaire se faisait remarquer sur tous les visages, jusque sur le visage de nos propres gardiens. Le commandant de place devait avoir à cette heure d'autre chose à faire que de s'occuper de nous et de notre mise en liberté. Nos ennemis semblaient pressentir dès lors l'approche de l'armée française ; en effet, nous pouvions présumer qu'elle montait de Ladon par Lorcy, et de Bellegarde par Mézières, Juranville et Saint-Loup-des-Vignes. Les Prussiens renforçaient leurs positions déjà formidables dans Beaune, où ils avaient établi 30 ou 40 canons dominant toute l'enceinte ; toutefois le combat ne devait pas se livrer ce jour-là ; l'heure déjà était avancée.

Durant toute cette journée du dimanche, nous voyions, presque à chaque heure, arriver parmi nous quelques soldats français, faits prisonniers sans doute aux avant-postes, puis des maires, des adjoints, des vieillards, de prétendus francs-tireurs : il n'y manquait que des femmes et des enfants. On les entassait dans la crypte ou la mairie ; nous étions au grand complet.

« Que nous soyons faits prisonniers nous autres,
« disaient nos braves soldats, c'est de notre métier ; c'est
« naturel, quand nous avons brûlé toutes nos cartouches
« ou brisé nos baïonnettes, mais vous autres, des civils,
« un curé, c'est à n'y pas croire ! »

« Si jamais nous allons en Prusse, disait un chasseur
« de Vincennes, nous nous en souviendrions ! »

« Ils ont brûlé un village entre Ladon et Lorcy, le
« village de Chevenelle, reprenait un mobile de la Loire ;
« ils ont mis le feu à la main ! Ils en ont brûlé un autre
« tout près d'ici entre Mézières et Juranville, repliquait
« un caporal de la ligne ; ils sont méchants comme des
« démons. Ah ! demain la journée sera chaude, ajouta-
« t-il ! l'armée s'avance de Bellegarde ; on va taper dur ;
« nous pourrions bien nous en sentir ici ; le général a
« juré de brûler Beaune, pour en déloger les Prussiens. »

Chacun disait alors ce qu'il savait de l'armée française et des chances de la victoire pour les nôtres.

Au milieu de ces conversations, la nuit se fit parmi nous, nous nous couchâmes de notre mieux sur cette paille qu'avait étrennée monsieur le maire de Beaune, retenu prisonnier pendant trois jours, après les plus vives menaces d'être fusillé, à cause de la résistance faite aux Prussiens à leur entrée dans cette ville. Chacun reposa comme il put. Pour moi je me contentai d'écouter les ronflements des nouveaux-venus, qui me parurent vraiment fort heureux de trouver un si bon lieu de repos, après deux ou trois mois passés dans la boue des champs de bataille ; ils dormirent tout le temps sous la garde des soldats du poste ; ils dormirent jusqu'à 7 heures.

<h2 style="text-align:center">VI.</h2>

Dans ce moment, ce ne fut point le tambour ni le clairon qui sonnèrent le réveil. Ce fut le canon français, qui semblait retentir comme un défi jeté à l'armée prussienne. Au bruit du canon, s'ajouta bientôt le bruit de la fusillade dans la direction de Lorcy, Mézières et Saint-Loup-des-Vignes. Nous n'en pouvions douter, le lundi 28 devait être un jour de bataille, et de plus l'affaire, suivant le langage de nos soldats, devait être rude.

Les Prussiens étaient dans l'agitation la plus grande ; nous pouvions lire sur la figure de ceux qui nous approchaient le trouble et l'inquiétude, tout le monde sait que la bravoure n'a jamais été le fort du soldat allemand.

Pendant deux heures, nous écoutâmes la fusillade, qui semblait se rapprocher de nous d'une manière sensible. Quel bonheur, disions-nous, si les Français allaient nous tirer de là !

Chacun de nous entendait les battements de son cœur, nous faisions tous les vœux les plus ardents pour la France.

J'ai appris depuis que nos soldats, même nos mobiles, que les Prussiens regardaient d'un air de mépris, furent admirables d'élan et de vigueur ; que depuis Ladon, ils

marchèrent constamment en avant, chargeant courageu-
sement l'ennemi, balayant tout le pays, compris depuis
Chapelon et Mignerettes, Corbeilles et Lorcy jusqu'à la
gare de Beaune ; même entrain du côté de Mézières et
Saint-Loup-des-Vignes. Nos bataillons montaient, montaient sans cesse vers nous, répondant ainsi à la charge
qui fut sonnée ce jour-là depuis 7 heures du matin jusqu'à
la nuit tombante. Les morts et les blessés ne manquèrent
pas des deux côtés : mon Eglise, mon presbytère, l'école
des garçons et la maison des Sœurs de Lorcy furent
remplis de bonne heure des blessés des deux nations, qui
reçurent là les soins les meilleurs de la part des habitants.

Cependant les Français révélèrent leur présence à peu
de distance de nous ; déjà nous sentions la vérité de
cette parole : « Le général a juré de brûler Beaune
pour en déloger les Prussiens ! » Vers 10 heures une
bombe arriva jusqu'à nous ; elle tomba avec le fracas
que l'on sait, sur la mairie même, où nous étions en si
grand nombre, un mètre environ au-dessus de la croisée
de l'appartement qui nous servait de prison.

Nos gardiens épouvantés descendirent précipitamment
en nous intimant l'ordre de les suivre, nous les suivions
en effet tout émus quand une seconde bombe tomba sur
le même bâtiment, brisant les croisées, renversant les
meubles et ébranlant les airs jusqu'à nous renverser
nous-mêmes les uns sur les autres, prisonniers et gardiens ; je fus blessé à la main droite en forme de
stigmate. Nos gardes nous pressèrent de nous relever et
nous fûmes conduits dans la crypte, pour préserver la
vie des soldats prussiens encore plus que la nôtre, car il
était facile de constater qu'ils étaient tremblants autant
et plus que nous-mêmes.

Là dans la crypte, la maison de Dieu, nous étions

tous réunis, civils, ôtages, soldats, sous le regard farouche de nos gardiens, dont l'anxiété n'était pas petite.

Sur le marche-pied de l'autel principal était installé un brillant major, avec tout ses instruments de chirurgie en attendant sa triste besogne ; l'ouvrage ne lui manqua pas : nos soldats se chargèrent de lui faire passer là une rude journée.

Les blessés arrivèrent bientôt et en grand nombre, malgré toutes les précautions qu'avaient prises nos ennemis de se fortifier dans Beaune, en crénélant toutes les maisons de l'enceinte.

Vraiment, c'était un bien triste spectacle que de voir arriver ces pauvres victimes de la guerre ; et bien qu'ils fussent nos ennemis, nous ne pouvions entendre sans émotion les cris des pauvres blessés, ni voir sans frémir couler leur sang par de larges et profondes blessures.

« C'est une balle de chassepot, disait le chirurgien, elle est entrée profondément dans les chairs » ; il avait peine à la retirer.

C'est un éclat d'obus qui avait labouré les reins, il ne pouvait retirer l'éclat sans pratiquer dans les chairs de larges incisions, au milieu des cris les plus douloureux du pauvre patient.

Celui-ci à la jambe brisée, celui-là le bras cassé. Mon Dieu, mon Dieu, que c'est triste la guerre ! Nous cependant nous servions à bander les plaies. Quand le sang coule, avec de telles proportions, des membres mêmes de nos ennnemis, l'honneur et la religion ne nous commandent-ils pas de dépouiller tout esprit de parti, de nationalité et de ne plus voir en celui qui souffre qu'un homme digne de compassion, fut-il notre ennemi ?

Les blessés arrivèrent en grand nombre parmi nous. Or les provisions de bandelettes étaient épuisées : on demanda un homme de bonne volonté pour aller en chercher de nouvelles à la maison des sœurs. Monsieur Charbonnier, sous-préfet de Montargis, se présenta le premier pour remplir ce bon office. Et il partit au milieu d'une pluie de balles tombant sur la ville. Nous verrons tout à l'heure comment il sera récompensé par les Prussiens de cet acte de courage et d'humanité. Il lui fallut traverser deux fois la ville pour trouver et rapporter dans la crypte une charge de linge.

A son arrivée nous nous mîmes tous à l'ouvrage et en quelques instants, les draps et les serviettes étaient convertis en bandelettes et en charpie. Nous faisions alors pour les blessés prussiens, ce que nous aurions été si heureux de faire, et avec un bien meilleur cœur assurément, pour tous nos chers blessés français ; il devait y en avoir non loin de nous, car Monsieur le Sous-Préfet en rentrant dans la crypte, nous avait donné l'assurance qu'il avait vu les Français monter à la baïonnette, et prendre possession de quelques maisons de la ville.

C'étaient, en effet, le 3ᵉ zouaves et les mobiles du Haut-Rhin, qui trouvant nos ennemis barricadés dans les maisons, faisaient le siége de chacune d'elles, enfonçant les portes, brisant les croisées ou bien incendiant le repaire de ces braves qui n'osaient se montrer.

Ce qui confirmait cette bonne nouvelle, c'était l'agitation fébrile, l'inquiétude, la peur, le tremblement de nos soldats gardiens ; c'était la peur bien avouée du brillant major tremblant pour lui-même, qui connaissait par les blessés tous les incidents de la bataille et qui n'ignorait pas la présence des Français dans Beaune. Il s'informait à chaque nouveau venu, si le drapeau d'am-

bulance était bien visible au moins à l'entrée de la crypte
et sur le clocher de l'Eglise. Déjà il nous annonçait à
nous-mêmes notre prochaine délivrance ; il reniait son
titre de Prussien, disant appartenir à la Société inter-
nationale de secours aux blessés militaires. Il présentait
sa carte au Sous-Préfet de Montargis, M. Charbonnier,
se recommandant à sa haute protection.

Il était quatre heures du soir : chaque Prussien qui
arrivait du dehors amenant un blessé, augmentait
encore l'effroi de ses camarades et ajoutait à nos espé-
rances.

Quel bonheur, disions-nous, si nos chers soldats
pouvaient arriver jusqu'à nous et faire prisonniers nos
gardiens eux-mêmes ! On se confiait à l'oreille ce doux
espoir et chacun de nous oubliait volontiers les fatigues
déjà supportées, les injures endurées et les privations de
toute sorte.

Le bruit de la bataille augmentait de plus en plus la
terre tremblait jusque sous nos pas ; la voute de la crypte
était ébranlée à chaque détonation d'un canon de campagne que nos ennemis avaient hissé jusqu'à l'entrée du
clocher de Beaune. La fusillade était des plus vives :
c'était une vraie tempête d'artillerie, une pluie de fer et
de plomb. Non, jamais nous ne pourrons oublier ce bruit
formidable des canons, des bombes, joint aux grince-
ments prolongés des mitrailleuses et au sifflement des
balles. Il est bien vrai de dire aussi que chaque coup qui
nous semblait partir contre les nôtres avait son écho dans
nos cœurs ; car chaque détonation des Prussiens nous
semblait être une blessure de plus à la patrie.

Dans ce moment solennel de la bataille les plus intrépides guerriers devaient se sentir fortement remués,

jusqu'au fond de l'âme. Les soldats du nouvel empereur l'étaient tout autant que nous.

Rangés dans la crypte sur deux files, appuyés sur leurs fusils, nous les voyons tantôt mettre, puis ôter la baïonnette ; tantôt jeter, puis ramasser leurs cartouches. Ils se regardaient pleins d'inquiétude et prenaient envers nous des airs parfois suppliants et bientôt menaçants. Nous pouvions nous attendre à être massacrés, plutôt que livrés au pouvoir des Français libérateurs. Nous comprenions sans peine ces allures menaçantes et, à vrai dire, nous n'étions point sans effroi ni sans inquiétude pour nos vies. Nous savions déjà, avant le massacre de ces Otages plus illustres et plus vénérables que nous, jusqu'où peut aller la rage du soldat vaincu.

Ce fut dans ce moment d'un suprême péril, que mû par un sentiment de foi religieuse qui n'étonnera personne, autant que par le sentiment d'un danger imminent, le noble Otage de Montargis, M. de Vaublanc, se mit à genoux devant tout le monde et se découvrant me dit : « Monsieur le curé, nous sommes plus que jamais en « danger, donnez-moi, je vous prie, l'absolution *in arti-* « *culo mortis !* » A ces paroles chacun des Otages, imitant ce bel exemple, se mit à genoux, afin de participer au bienfait de cette absolution solennelle, que je ne pus donner, on le sent bien, sans une profonde émotion.

Ce fut là comme une inspiration du ciel, car à peine les prisonniers étaient-ils relevés, à peine avais-je fini les dernières paroles du pardon, que l'ordre arriva de faire évacuer la crypte et d'abandonner la ville ; nos gardes à cette nouvelle, remettent leurs cartouches et leurs baïonnettes et nous poussent violemment hors de notre retraite. On n'y laissa que les blessés dont plusieurs étaient mourants.

VII

Nous avions le cœur navré. On nous arrachait ainsi à nos libérateurs, qui pénétraient de plus en plus dans la ville pendant que l'armée prussienne se repliait vers Beaumont.

Nous sortîmes donc de la crypte au milieu du dernier feu croisé des deux armées. Nous allions commencer un chemin qui ressemblait de plus en plus, à la voie douloureuse, au chemin de la croix. Nous marchions vers Pilate pour y entendre une sentence de mort. Nous allions au Prétoire pour y souffrir une sanglante flagellation de la part des hulans, descendants sans doute des bourreaux de Jésus-Christ !

Nous étions dès lors dans les rues de la ville, sans autre rempart contre les balles que notre innocence et notre résignation chrétienne. Nous la traversâmes au pas de course, poussés brutalement par nos gardiens, et frappés indignement par tous les Prussiens qui se trouvaient sur notre route. Les balles sifflaient à nos oreilles d'une manière bien effrayante et à chaque pas nous nous attendions à voir tomber à nos côtés quelque pauvre blessé parmi nos compagnons. Pour moi, à cette heure du péril, je demandais de mon mieux au Père céleste de protéger notre innocence et de conserver des vies si précieuses, et je promettais à Dieu, au nom de mes paroissiens, une messe d'actions de grâces, si nous avions le bonheur d'échapper à la mort.

A la mort nous y échappâmes comme par miracle : nos vêtements furent atteints et percés de balles, mais notre sang ne coula pas encore. Il coulera bientôt sous les coups des Prussiens.

Après trois kilomètres parcourus de la sorte dans la boue du champ de bataille, avec nos sabots ou nos pieds nus, après avoir rampé tout le temps dans les sillons, pour échapper aux balles menaçantes, nous arrivâ'nes jusqu'au commandant entouré de son état-major. C'était là notre juge, il avait notre vie entre ses mains. Le jugement ne fut pas long, mais il fut des plus injustes. On nous tint à quelques pas de son Excellence et nos gardiens lui demandèrent ce qu'il fallait faire de nous ? Un jeune hommes des environs de Montargis, prisonnier avec nous, Suisse d'origine et comprenant parfaitement l'allemand, entendait la conversation et il nous en fit en tremblant la traduction. — « Ces hommes, dit le commandant, ce sont des francs-tireurs déguisés, il faut les fusiller. »

Ces derniers mots qui contenaient toute la sentence, il les dit en français d'un air farouche et en bondissant de colère sur son cheval. Tout l'état-major répondit par un hourrah des plus sauvages.

En entendant une sentence aussi cruelle et si imméritée, chacun de nous se récria. M. Langevin élevant la voix plus haut que les autre et avec l'accent que donne la force du droit et le témoignage d'une bonne conscience, s'écria en face du commandant : « Nous sommes innocents ! » ce que chacun répéta de même d'une voix plus ou moins énergique.

Notre protestation ne fit que redoubler la rage du commandant et celle aussi de tous les officiers de l'escorte ; il lança son cheval au milieu de nos rangs, invitant tout l'état-major à suivre son exemple. Messieurs les officiers n'attendaient que ce signal, ils tombèrent sur nous à coups de sabre, nous renversant et nous foulant sous les pieds des chevaux, sans distinction aucune des soldats ou des civils, car nous avions parmi nous bon nombre de soldats prisonniers.

« Nous autres, disaient ces militaires, nous apparte-
« nons à l'armée française ! »

L'officier prussien n'eut point tenu compte de la célèbre parole de Thémistocle : « frappe, mais écoute ! » Ils frappèrent, ces braves, sans rien écouter que leur colère et leur instinct sanguinaire. Nous étions brisés de coups, tous blessés, tous ensanglantés.

Presque tous cependant se relevèrent, à l'exception d'un père de famille de trois petits enfants, le fils de M. Picard, adjoint au maire de Lorcy. Cet homme se trouvant dans l'impossibilité de se mouvoir fut emporté par nous tour à tour, par les moins blessés et les plus vigoureux. Je me présentai des premiers pour porter ma part de ce fardeau, mais je dus y renoncer vu l'impuissance où j'étais de le soutenir, j'avais un bras tellement blessé que mes forces trahirent bientôt ma bonne volonté.

C'était à la nuit tombante ; les Français vraiment ne voulurent point occuper Beaune, qui nous paraissait être pourtant l'objectif de la bataille de ce jour ; ils reculèrent, dit-on, devant un renfort considérable arrivant aux Prussiens, dans la direction de Pithiviers. Ils rentrèrent sous Bellegarde abandonnant, hélas ! un terrain conquis au prix de tant de sang répandu.

VIII

Pour nous, pauvres prisonniers, nous étions à la fin de cette rude journée, sous le coup des colères prussiennes, d'autant plus vives que nos ennemis regardèrent longtemps, et avec vérité, cette bataille comme perdue pour eux.

Après avoir entendu prononcer contre nous la sentence de mort et avoir reçu des officiers d'état-major cette cruelle flagellation, nous fûmes dirigés sur un autre point de retraite, vers le gros de l'armée prussienne. Nous retombions ainsi, à chaque instant, dans des groupes nouveaux de soldats irrités, qui à chaque fois se jetaient sur nous comme sur une proie. Soldats et civils reçurent d'abord une part égale de coups et de blessures ; à deux reprises cependant, après le premier choc et la première décharge de coups de sabre, nos bourreaux firent mettre à part les soldats prisonniers, afin de frapper plus commodément et sans remords aucun sur les pauvres civils. Cet assaut nous fut donné jusqu'à quatre fois et malgré tout ce qu'on nous dit de l'honneur de l'officier prussien, nous eûmes la douleur de constater que le signal de ces barbaries était donné par lui et que le premier coup partait de sa main.

Après de telles décharges, nous étions tous épuisés de fatigues et de sang, et plusieurs parmi nous en étaient réduits à désirer la mort.

Oui, sur ce champ de bataille où le sang de nos soldats avait coulé, nous versâmes aussi notre part de sang, nous hommes de paix, sans armes et partant sans défense, sous la main des prussiens en retraite. Nous fûmes battus et volés par ces nobles hulans, qui d'une main frappent sans pitié et de l'autre fouillent sans honneur le prisonnier tombé mort ou vif entre leurs mains. C'est ainsi que l'excellent M. de Vaublanc se vit enlever une somme de 600 francs par l'un des soldats qui l'avaient cruellement frappé. C'est là sans doute l'ordre du jour du soldat de Berlin. C'est le système de Bismarck et le plan de Moltke : « Frapper, égorger, piller, incendier, « ruiner la France en grand et en détail, et la mettre

« dans l'impossibilité de nuire à la Prusse pendant
« 50 ans. » Il paraît que la Prusse n'a point d'autre
moyen d'arriver à l'empire.

Deux heures au moins s'étaient écoulées depuis notre
sortie de Beaune : c'étaient deux heures de passion
cruelle. Nous étions toujours sur le champ de bataille,
sous le coup d'une condamnation à mort. Chacun de nous
profita de son mieux des quelques instants qui paraissaient nous être laissés pour se recommander de nouveau
à Dieu et le prier de recevoir son âme. A chaque groupe
de soldats que nous rencontrions, nous pouvions croire
que c'étaient là nos bourreaux ; l'air menaçant qu'ils
prenaient à notre vue, ne nous permettait guère d'en
douter, et s'ils se contentaient d'armer leurs fusils et de
diriger vers nous leurs baïonnettes, qui nous empêchait
de penser qu'ils n'attendaient plus que le signal pour en
finir avec ces prétendus francs-tireurs, dont j'étais à leurs
yeux le commandant.

Après plusieurs haltes, dans ces champs et vignes couverts des débris de la bataille, les prussiens ayant acquis
la certitude que l'armée française ne voulait point occuper Beaune, se jetèrent de nouveau dans l'intérieur de la
ville où dans leur fuite précipitée ils avaient abandonné
14 canons. L'ordre arriva de nous ramener au milieu des
troupes allemandes redevenues triomphantes, au milieu
de la ville en feu.

Nous suivions l'escorte sans savoir encore si nous
aurions la vie sauve. Tous les Prussiens rentrés dans
Beaune, poussèrent en nous voyant un *hourrah* qui était
celui de la mort, tant il nous parut ressembler à celui des
Juifs : *Tole, Tole!* Les insultes les plus grossières, les
menaces les plus effrayantes furent dirigées vers nous,
pauvres victimes de la guerre, et la vue du sang qui

coulait de nos têtes et de nos visages ne fit que redoubler les cris de ces barbares. Tous, sans exception, nous condamnèrent à mort, et ils allèrent jusqu'à demander la permission de nous pousser tout vivants dans un immense incendie allumé dans la demeure de M. Durand, Adjoint au Maire. Un major prussien, portant le brassard, se joignit, lui homme de paix, ce semble, à ce concert d'outrages et d'ignobles insultes, et s'approchant de moi, il me mit le poing sur la gorge, en m'appelant des noms les plus vils. Certes, je ne mens pas à la vérité, en disant que dans la répartition des injures, ma part à moi a été la plus grande. Je ne crains point surtout de recevoir ici aucun démenti de la part de mes malheureux compagnons d'infortune, qui se croyaient si souvent obligés de me faire des excuses, en entendant de tels propos.

Enfin, au milieu des huées de cette multitude furieuse et après de nouveaux coups reçus sur nos blessures saignantes, nous arrivâmes devant l'Église, attendant toujours une sorte de sentence nouvelle pour la vie ou pour la mort. Notre premier soin, en revoyant cette église où nous avions passé tant d'heures de mortelles angoisses, fut de remercier Dieu, qui au milieu de tant de périls divers avait conservé nos vies, et là, en présence de nos bourreaux, à la demande expresse du noble et pieux M. de Vaublanc, nous nous mîmes à genoux, au milieu de la boue et des débris de la bataille, et je fus chargé de réciter une prière à laquelle chacun des Otages répondit d'une voix émue.

Dans ce moment, un cavalier arriva jusqu'à nous; il apportait un ordre du commandant de place. Le jeune suisse qui était dans nos rangs, nous dit qu'il s'agissait de nous, que nous devions être internés de nouveau dans la crypte pour y passer la nuit.

En effet, après avoir évacué vers Beaumont leurs nombreux blessés, les Prussiens nous dirigèrent vers notre premier asile ; on referma sur nous la porte avec violence et nous pûmes passer là quelques heures d'un repos que nous avions mérité par tant de fatigues.

Pendant la nuit qui suivit ce jour de sang, nous vîmes nos rangs s'accroître de soldats faits prisonniers pendant l'action, des zouaves, des mobiles, des soldats de toutes armes. Souvent la porte s'ouvrit dans les ténèbres pour laisser descendre vers nous ces pauvres enfants de la France, qui s'étaient battus victorieusement tout le jour et qui furent surpris par un ennemi plus vigilant, au moment, nous disaient-i's, où ils comptaient prendre un peu de repos et de nourriture.

Pour éclairer notre prison, nous cherchions quelques restes de cierges ou de bougies. Tout était consumé ! Heureusement qu'en visitant les souches de l'autel de Notre-Dame-des-Sept-Douleurs, je rencontrai une dernière ressource. Ce fut à la faveur de cette lumière de l'autel, qu'il nous fût possible de nous voir encore, de respirer plus à l'aise, de nous reconnaître et aussi de faire de nos mouchoirs des bandelettes pour nos plaies. C'était l'occupation de chacun de nous. Beaucoup dans cette multitude avaient faim et soif : plusieurs tremblaient la fièvre. Aucun secours pourtant ne nous fut donné. Nous n'avions pas même de l'eau pour laver nos blessures. Que pouvions-nous espérer d'un ennemi irrité de ses pertes et confus du succès, pendant toute cette journée, de nos jeunes troupes ?

IX

Au point du jour, la porte s'ouvrit pour nous : et nous fûmes tirés de cette prison étroite pour tant de monde et devenue vraiment inhabitable. Nous prîmes nos rangs sur la place sous le regard d'un ennemi qui nous apparaissait toujours farouche et menaçant : les soldats furent placés ensemble, et par corps ; les prétendus francs-tireur étaient à part et le pasteur était toujours en tête comme le plus coupable.

Dans ce moment, un officier prussien s'approchant des civils, demanda quels étaient parmi eux les Otages ? — à proprement parler, nous étions tous Otages et pas autre chose. — A cette demande, M. le sous-préfet, de Montargis, M. de Vaublanc, M. Moreau, maire de Lorcy et plusieurs autres fonctionnaires publics, se présentèrent à l'officier ennemi. Moi, le pasteur, j'aurais pu en ce moment me joindre à ces Messieurs, dans l'espérance d'un sort meilleur. Mais je ne voulus point me séparer du gros des prisonniers, je gardai mon rang à la tête de l'escorte, disposé que j'étais à suivre jusqu'en Prusse, s'il le fallait, mes infortunés paroissiens, pour soutenir leur courage et alléger autant qu'il se pourrait faire, les maux de la captivité, en pays ennemi.

Les Otages sortirent de nos rangs et furent conduits dans cet appartement de la mairie, d'où les bombes françaises nous avaient fait sortir la veille, et où ils furent jetés sans pouvoir obtenir non plus que nous, ni pain, ni eau pour soutenir leur vie.

Ces Messieurs restèrent là une partie du jour ; ce ne fût que vers midi qu'ils se mirent en route avec l'armée prussienne, chacun de son côté. M. le sous-préfet de Montargis partit de là pour l'Allemagne où il fut interné jusqu'à la conclusion du traité de paix. Il faudrait un ivre entier pour dire toutes les vexations qu'il eut à subir de la part des autorités allemandes, durant ce long voyage de la captivité. Certes, si le ruban de la légion d'honneur est venu depuis décorer sa poitrine, personne mieux que moi, j'imagine, ne sait par quelles souffrances pour la patrie, ce digne fonctionnaire a mérité cette haute distinction. M. de Vaublanc, meurtri de coups et indignement volé, fut conduit jusqu'à Troyes. M. Moreau et M. Brunet, maires, l'un de Lorcy et l'autre de Mézières, furent emmenés à la suite de l'armée, menacés à chaque halte d'être fusillés, et enfin abandonnés près d'Orléans, dans la maison qui leur avait servi de prison.

Pour nous, les grands coupables, nous étions là toujours sur la place, attendant le signal du départ. Il était huit heures environ ; la ville de Beaune était déserte encore, et laissait voir, à chaque pas, des débris fumants de la bataille de la veille.

Avant le départ du cortége, un spectacle bien triste nous fut ménagé par l'insolent vainqueur ; toutes les armes, les chassepots surtout, furent apportés devant les soldats prisonniers ; et là, en leur présence, des Prussiens, d'un air insulteur, prirent le triste plaisir de les briser à coups de marteaux. On reconnaîtra à ce signe la délicatesse de ces nobles Allemands. Nos braves soldats détournèrent la vue pour ne point voir ce spectacle navrant, pour tout homme qui a le cœur français et qui a conscience d'avoir bien fait son devoir.

Quand le dernier fusil fut brisé, on donna le signal du départ pour Pithiviers, quartier général de l'armée prussienne. Je saisis en partant la main de M. le doyen de Beaune, et je le remerciai de mon mieux des consolations et des secours qu'il s'était efforcé de nous procurer, lui et son aimable confrère, M. l'abbé Cornet, vicaire de Beaune. Je reçus de lui une demi-tablette de chocolat qu'il avait trouvée, à grand peine, et que je partageai avec mes plus proches voisins. Et nous partions sans savoir

quel serait le terme de notre voyage, ni la fin de notre
captivité. Nous étions entre les mains de nos ennemis,
mais aussi entre les mains de notre Père Céleste, abandonnés à sa divine providence. Je priai le Seigneur de
nous soutenir, de nous protéger et de conserver tous ces
pauvres pères de famille, tous innocents, quoi qu'ils
eussent déjà tant souffert.

Nous sortions de Beaune pour entrer en plein jour sur
le champ de bataille de la veille.

Or, je ne saurais dire ici le tableau vraiment navrant
qui se déroulait à chaque pas devant nous. C'était la
mort et la dévastation. C'étaient les restes du combat,
des hommes, des chevaux, des débris de chariots ; là un
artilleur, là un mobile, plus loin des zouaves, des soldats
de la ligne, des chasseurs à pied, quelles tristesses de
toutes parts! Nos soldats tout seuls n'étaient point relevés! On connaît la précaution de nos ennemis pour enlever, sans retard aucun, du champ de bataille, les soldats prussiens morts en combattant. Nous ne vîmes pas
un des leurs ; et pourtant, tout le monde le sait, les morts
ne manquèrent pas dans leurs rangs, dans cette rude
journée du 28, puisque la *Gazette de Berlin*, qui ne peut
être taxée d'exagération, a avoué mille morts, sans
compter les blessés. Dès le soir, vers 7 heures, les voitures d'ambulances, nous les avons vues, parcouraient le
champ de bataille, pour ramasser les morts.

Sur la route de notre captivité, nous ne voyons plus
que les malheureux enfants de la France, et pour surcroît de douleur, nous voyions à chaque pas ricaner nos
gardiens, à la vue de nos morts dans la boue de la route
et déjà dépouillés.

Après une heure de marche, nous étions arrivés à
Barville. Une halte fut commandée, sans doute pour nous

donner en spectacle, à l'avant-garde du corps d'armée du Prince Charles, accouru en si grande hâte au secours des leurs, écrasés à Beaune et refoulés tout le jour par la valeur française. Ils purent savourer, ces braves, le doux plaisir de nous insulter ; c'est trop peu, de nous couvrir d'outrages, les soldats français sans doute, mais nous surtout les francs-tireurs déguisés et par dessus tout le prêtre commandant. De notre langue, si belle et si riche, ces prétendus lettrés ne me parurent savoir que les mots qui expriment toutes les horreurs à la fois. Ils se complaisaient vraiment dans ces outrages, qu'ils ne cessaient, que pour en venir aux menaces les plus effrayantes. Toutes les armes, les sabres, les fusils, les poings-fermés étaient dirigés vers nous, de tous ces groupes furieux, où l'officier prussien, quoiqu'on dise de ses hautes convenances, se joignait au soldat pour l'insulte et les airs menaçants.

Quand nous eûmes passé cette triste revue, le cortége se remit en marche vers Boynes, où nous attendait une seconde et large distribution d'injures, de la part de cette grande armée du Prince Charles échelonnée sur toute la route, qui se croyait sans doute couverte de gloire aux yeux du monde entier, mais qui ne me parut vraiment forte et puissante que pour insulter la faiblesse et le malheur.

Non, je ne puis retracer la joie féroce de ces Huns ou de ces Teutons qui, voyant apparaître la colonne des prisonniers français, grossie encore de ce petit détachement de civils, conduits suivant eux, par un curé franc-tireur.

« Ce sont là, les soldats qu'on nous oppose, disaient
« les officiers, en mordant leurs cigares, mais ce sont
« des *singes* (sic)!»

« Ce sont des *singes*, Messieurs, qui hier au moins se
« sont convertis en lions ; car ils vous ont chassés de
« toutes les positions que vous occupiez à Ladon, Me-
« zières, Lorcy, Juranville, Saint-Loup et Beaune même!
« Oui, devant ces singes, armés de chassepots, vous
« avez fui depuis 7 heures du matin, jusqu'à 6 heures du
« soir, et ils ont sonné la charge à mesure que vous
« sonniez la retraite. » Or, je ne sais par quelle fatalité,
l'armée française, en ce jour-là, n'a point passé sur le
ventre de l'armée prussienne ; ce n'est pas au moins le
courage qui lui a manqué, suivant le témoignage d'un
officier prussien, qui a su rendre hommage à la valeur
de nos jeunes mobiles du Haut-Rhin, entrés les premiers
dans Beaune. « Ce sont des enfants en apparence,
« disait-il, mais qui se sont battus ce jour-là, comme de
« vieux troupiers. Peu s'en est fallu que nous ne vissions
« à Beaune, une seconde journée d'Iéna. »

A vrai dire, l'armée que nous traversions, était une
armée formidable, mais qui me parut surtout, je le
répète, très-vaillante à l'insulte. Chacun de ces 30,000
soldats dirigea vers nous son arme menaçante, chacun
me prophétisa ma mort prochaine : je devais, suivant
eux, être fusillé, pendu, écorché vif, coupé en morceaux
et je crois qu'il n'eut fallu qu'un demi-signal du commandant, pour que chacun de ces héros de Metz, se fît le
plus grand plaisir de mettre à exécution toutes ces menaces à la fois. C'était un *tolle* général. C'était le cri du
peuple dans la passion de Celui qui fut mon Maître et à
qui je n'avais jamais mieux ressemblé, que depuis le moment où j'étais tombé entre les mains de ces Juifs. Je
crus qu'il était de ma dignité de prêtre, de ne répondre à
aucune de ces infamies, et de recevoir d'un front calme
ce torrent d'injures. — Ne recevant aucun ordre de me

percer de leur baïonnettes, ces magnanimes ne craigni-
rent pas de ramasser la boue du chemin pour me la jeter
au visage. — Or, toutes ces choses se passèrent, en présence des officiers supérieurs, dont plusieurs, j'en suis
sûr, mêlèrent leurs voix à ce concert d'outrages.

X.

Enfin nous arrivâmes à Pithiviers, vers la nuit tombante. Cette ville depuis longtemps était au pouvoir de
l'ennemi. Les habitants qui avaient écouté tout le jour
précédent le canon de Beaune et qui, à l'air consterné
des Prussiens, croyaient à la victoire des nôtres, accoururent en grand nombre, pour voir passer ce cortége de
prisonniers : on voyait facilement sur leurs visages tout
le deuil de leur âme patriotique ; beaucoup pleuraient de
douleur et d'attendrissement. Tous venaient à nous avec
des charges de pain et des provisions de toute sorte.
Du pain, il nous en fallait pour ne pas mourir de faim.
Les soldats avaient à peine la permission de recevoir
cette aumône faite pourtant d'un si bon cœur. Pour nous,
les civils, les francs-tireurs, nous n'avions pas le droit
de toucher à rien. Du reste, nous disait-on, nous n'en
avions pas besoin, puisque à notre arrivée, nous devions
tous être pendus aux arbres de la place. Nous avions entendu depuis plusieurs jours tant de semblables menaces, que nous écoutions désormais, sans effroi, toutes
ces prophéties de malheur, et puis, nous avions déjà
tant souffert, que la mort eut été pour nous une sorte de
délivrance.

Pendant une heure, nous fûmes exposés aux regards
des Allemands, qui regorgeaient à Pithiviers ; pendant
une heure, nous essuyâmes leurs railleries insolentes.
L'un d'eux parlant bien le français, vint droit au groupe

des francs-tireurs déguisés et m'adressant la parole :
« C'est vous, prêtre catholique, me dit-il, qui faites le
« malheur de tous. Vous poussez la France à la guerre,
« et vous mettez des armes jusqu'aux mains des paysans.
« Ces hommes, qui sont ici, ne sont pas coupables; ils
« ont été entraînés par vous, prêtre, à tirer sur les
« troupes prussiennes. Aussi un grand châtiment vous
« attend !...» Cet homme, qui me parut être quelque
officier, s'efforça de me faire parler, je ne lui répondis
que ces mots : « Monsieur, vous n'êtes pas mon juge !»
Ces simples paroles nous attirèrent quelques mauvais
traitements : coups de pieds, coups de poings. C'est un
jeu, ce semble, pour les Allemands, vis-à-vis d'un ennemi vaincu et sans armes.

Vraiment, n'est-ce pas mourir mille fois, que de boire
un tel calice ? J'étais prêt à mourir et à offrir ma vie
pour le salut de ceux qui m'accompagnaient. Mais non,
je devais souffrir encore, nous devions souffrir beaucoup
tous ensemble, et plusieurs d'entre nous devaient boire
au double calice de l'exil et de la captivité.

Cependant la nuit se faisait sur la place, et nous nous
demandions, de quel côté on allait nous diriger enfin.

L'Eglise, ici encore, comme à Beaune-la-Rolande, devint notre prison ; c'est assurément le lieu le plus dési-
rable pour un prêtre ; aussi je remerciai la divine Providence, qui après cette rude journée, me présentait au
moins ce côté consolant, de venir me reposer devant le
Saint-Tabernacle, si bien appelé par les vrais fidèles, la
prison d'amour de Jésus-Hostie.

Tous mes compagnons de captivité furent dirigés vers
la nef, dans un endroit choisi pour eux tous. Moi, prêtre,
je fus conduit dans le chœur, devant l'autel : ce n'était
point une attention dont je doive ici tenir compte à nos

ennemis ; car l'officier, qui me mit à part, me signifia que j'étais là, condamné au silence et que défense m'était faite, de communiquer avec qui que ce fut.

J'acceptai mon sort, résolu au moins à converser avec Dieu, avec Jésus-Christ, Notre Seigneur, mon plus proche et mon meilleur voisin.

Déjà je m'étais installé de mon mieux devant l'autel et j'avais commencé, à la faveur d'un cierge allumé par moi, la récitation de mon bréviaire, quand un prêtre arriva jusqu'à moi, me demandant quelles conditions m'avaient été faites par les Prussiens, et comment il se faisait que je fusse ainsi séparé de tous. Ce prêtre, sur la poitrine duquel b illait la croix d'aumônier militaire, était Monsieur l'abbé Peyre, des Chartreux de Lyon, aumônier des mobiles de la Loire, et fait prisonnier à Beaune-la-Rolande, au moment où il donnait sur le champ de bataille, ses soins religieux à de pauvres blessés. Je lui répondis, que j'étais là condamné par l'autorité prussienne, à un silence absolu ; je n'en dis pas davantage. Monsieur l'abbé Peyre, à ces paroles, alla trouver les officiers français prisonniers et consignés à la Sacristie ; il leur apprit ma position, qui leur parut un scandale. Ces messieurs et parmi eux le capitaine Dugas, ancien zouave pontifical, Monsieur le comte d'Adhémar, des chasseurs à cheval, poussèrent la bienveillance pour moi, jusqu'à réclamer auprès de l'autorité prussienne, pour de semblables procédés envers un prêtre français ; ils allèrent jusqu'à réclamer ma mise en liberté ou au moins un sort plus convenable dans le cortége des prisonniers. Ils ajoutèrent qu'en France, tout prêtre a le rang d'officier et qu'en conséquence, ils demandaient que je quittasse le gros des prisonniers, pour prendre place parmi eux.

Grâce à cette intervention qui fait autant d'honneur à ces messieurs, qu'elle me fit de bien, je quittai ma sellette et je me trouvai bientôt au milieu de mes libérateurs. Je dus alors raconter mon histoire et celle de tous ces pauvres ôtages, traînés jusque-là en captivité.

« Vraiment, c'est à n'y pas croire, disaient tous les officiers. Il faudra publier toutes ces choses jusqu'au plus petit détail : la France a besoin de savoir tout. »

Des vivres nous furent apportés par les soins de M. de la Taille, vicaire général d'Orléans, curé-doyen de Pithiviers. Des vivres, je n'en avais pas vu depuis deux jours ! Je recommandai à M. le curé et aux bonnes sœurs de St-Vincent, les pauvres civils, dont j'étais le pasteur. On me donna l'assurance de ne pas les oublier. Et je me couchai sur la paille qu'on avait étendue dans la sacristie, pour l'usage des officiers. Je m'y couchai avec bonheur, non sans remercier Dieu des consolations qui avaient marqué la fin de ce jour encore si douloureux.

Au lendemain, à 7 heures, était fixé le départ du convoi. Dès l'aurore, sur l'avis des officiers français, j'adressai au commandant de place, une supplique qui n'était autre que l'exposé des faits, qui avaient amené notre arrestation à Lorcy. Je demandais qu'à Pithiviers, au moins, justice nous fût faite, et qu'après avoir tant souffert innocemment, on nous mît enfin en liberté.

Ma lettre, je le sais, fut remise au commandant. On nous garda seuls, nous autres civils, après le départ des prisonniers militaires ; nous pouvions nous attendre vraisemblablement à une solution, et cette solution ne pouvait être, en toute justice, que très-favorable. Mais tout-à-coup un ordre arriva, de nous faire suivre l'escorte des autres prisonniers, qu'il nous fallut ratrapper au pas de course. Nous aussi, nous étions condamnés à aller jusqu'en Prusse. *L'homme ennemi* par excellence, le *Prince Charles*, avait porté contre nous cette sentence.

XI.

Nous allions vers Malesherbes. où nous arrivâmes vers 4 heures du soir, au milieu d'une population qui, avec des larmes dans les yeux, nous apporta tous les secours possibles.

Pour la troisième fois, l'Eglise devint notre prison; les 700 prisonniers s'y installèrent de leur mieux. Les officiers furent internés de nouveau à la Sacristie, sous bonne garde et moi avec eux.

C'est là, je dois le dire, que je reçus de M. l'abbé Cornet, vicaire de Malesherbes. l'aumône d'un vêtement plus chaud; c'est là que ce bon confrère voulut bien échanger ses souliers contre les sabots que j'avais traînés jusque là. Je n'aurais pu, sans cette attention et charité de sa part, continuer ma route vers l'Allemagne : mes pieds étaient enflés; je dus les envelopper de bandelettes; ils laisaient couler du sang.

Le lendemain, à 7 heures, la colonne des prisonniers se mit en route pour Fontainebleau ; c'était la troisième étape depuis notre départ de Beaune. Quelle triste chose, mon Dieu, que de cheminer en captifs, dans son propre pays, sous la garde de l'étranger ! C'était la réflexion de chacun de nous. Non, jamais nous n'avions si bien goûté le prix et la douceur de la liberté, que dans ces tristes jours du malheur de la France, où resserrés sur la route entre deux rangées de baïonnettes, nous ne pouvions nous écarter du chemin, sans recevoir avec mille injures, des menaces de mort, ou au moins des coups de plat de sabre ou des coups de crosse de fusil. Ce fut là notre condition de chaque jour, de chaque heure, pour nous surtout les francs-tireurs de la colonne.

Je ne puis dire au juste, ce qui se passait dans le cœur des soldats p isonniers, sous ces dures lois de la captivité; mais il me semble que pour la plupart ils auraient dû mourir en combattant, plutôt que de se rendre, s'ils avaient pu prévoir de semblables traitements.

Vers 4 heures, nous arrivions à Fontainebleau. Dans cette ville, demeure de nos anciens rois de France, et occupée à cette heure par un ennemi triomphant, nous reçûmes des aumônes de toutes sortes, de la part d'un comité de secours aux pri onniers. On nous accorda la sympathie la plus grande et la plus touchante. Toute la ville, ce semble, accourut sur notre passage, et personne ne vint à nous les mains vides. Un instant arriva que nos gardes n'étaient plus les maître, ils étaient débordés par la foule ; ce fut dans ce moment, que je vis une femme, une vraie française, souffleter un de nos gardes qui l'avait repoussée violemment, au moment où elle distribuait, en passant, toute sa provision de pain aux pauvres enfants de la France.

Après avoir passé à une revue nouvelle, sous l'œil de nos vainqueurs, nous fûmes conduits à la caserne pour y passer la nuit. Ce fut là que nous reçûmes tous, les visites les plus honorables et les plus consolantes. Ces messieurs du comité de secours, remirent aux officiers une somme importante de cinq à six cents francs, à distribuer aux soldats prisonniers et moi-même je fus pressé d'accepter une somme de 60 francs qui, certes, ne fut pas inutile à ceux de mes paroissiens, qui durent passer trois mois en Prusse.

Les secours de toute nature que nous trouvâmes à

Fontainebleau, nous donnèrent des forces pour continuer
ce rude chemin de la captivité. A vrai dire, nous serions
morts de faim, si nous avions dû compter sur les rations
prussiennes. Nourrir les prisonniers, était le dernier souci
de nos vainqueurs et sans l'assistance publique exercée
envers nous, malgré eux, les prisonniers français seraient
morts de misère en France, comme ils mouraient en
Prusse.

La nuit se passa pour nous dans la caserne : il faisait
un froid rigoureux.

Dès le matin, nous partions pour l'Allemagne, terme
du voyage pour les malheureux captifs. Au moment du
départ, j'eus la douleur d'entendre de la bouche d'un
général parlant à un officier français cette dure parole,
peu propre à soutenir nos courages : « Ce curé sera fu-
aillé, avec ces francs-tireurs, en arrivant en Allemagne!»

C'était la seconde condamnation à mort que nous en-
tendions sortir de la bouche d'un général. Toutefois, je
rassurai, de nouveau, mes malheureux compagnons, en
leur disant, qu'après tout, cet homme n'était point notre
juge.

De Fontainebleau à Corbeil-sur-Seine, la distance est
bien grande. Ce fut pour beaucoup une douloureuse
étape. Cependant nous étions soutenus par la pensée
qu'à Corbeil-sur-Seine, notre cause à nous, on nous l'avait
dit, serait jugée, et malgré toutes les prédictions de
mort, dont nous avions été l'objet, nous espérions toujours, comptant sur la justice.

Durant cette longue route, nous reçûmes sur notre
passage des marques de la plus vive sympathie. Melun
nous accueillit avec tout le cœur de Fontainebleau et
nous donna les moyens de poursuivre jusqu'à Corbeil-

sur-Seine. A chaque pas, des cris chaleureux de : « Vive la France ! » nous étaient adressés dans ce parcours douloureux. Plusieurs prêtres, plus heureux que les prêtres de Fontainebleau qui, malgré leurs désirs ne purent arriver jusqu'à nous, plusieurs prêtres traversèrent les rangs pour me serrer la main, me donner des vêtements, pour les prisonniers civils et me remettre de fortes aumônes à l'usage de mes compagnons. Que ces prêtres généreux reçoivent ici tous nos remercîments et que Dieu les en récompense.

XII

Enfin nous arrivions à Corbeil, à la fin du jour. Pour cette ville, attristée depuis si longtemps par la présence de l'ennemi, notre arrivée, comme prisonniers, ne fut qu'un surcroît de deuil et de douleur. Là aussi, comme partout, comme à Pithiviers, Malesherbes, Fontainebleau et Melun, l'étonnement fut grand de voir arriver en tête de la colonne deux prêtres dont l'un, M. l'abbé Peyre, portait sur sa poitrine, l'insigne des aumôniers militaires. Nous pouvions lire, dans tous les yeux, l'étonnement et l'indignation. Nous pouvions entendre des paroles dites assez haut, qui témoignaient toutes de l'horreur qu'inspiraient à nos concitoyens de semblables procédés.

A notre arrivée, la maison de Dieu, l'Eglise, s'ouvrit encore pour nous recevoir.

Pour moi, le curé franc-tireur, l'objet de tous les regards, des Français et des Prussiens ; des Français pour me plaindre et m'absoudre ; des Prussiens pour m'entendre maudire et condamner à mort, pour moi, je vis à Corbeil-sur-Seine mon sort s'améliorer beaucoup. Ce fut presque la fin de mes maux.

Or, je dus mon salut au vénérable curé de Corbeil-sur-Seine, qui touché du triste état des prisonniers civils, monta le soir même à St-Germain, au quartier général, auprès de son Excellence le général de Golthc, pour lui faire part de la pénible impression, qu'avait causée en ville, l'arrivée de deux prêtres et d'une troupe de pauvres cultivateurs, confondus avec des prisonniers militaires. Il conjura son Excellence de mettre un terme à ce scandale, pour l'honneur même de la Prusse; de renvoyer dans leurs foyers, ces pauvres gens qui avaient tant souffert innocemment, et d'accorder aux deux prêtres prisonniers, une liberté, qu'assurément ils n'avaient point mérité de perdre.

Le général de Golthc, tout puissant qu'il fût, et bien qu'il nous eut été donné comme étant notre juge naturel, par l'officier commandant qui nous avait arrêtés, au moment du combat de Lorcy, ne voulut point entrer tout-à-fait, sur ce terrain de généreuse concession, ou plutôt de justice à rendre à un aumônier militaire, pris sur le champ de bataille, au moment où il donnait ses soins religieux aux malheureux blessés de cette journée, ni à un curé, fait prisonnier dans sa propre maison, qui est avant tout une demeure de paix, et où il donnait asile, contre la mort, à une partie de son troupeau consterné. Le général se reconnaissait impuissant ou incompétent à prononcer en une semblable cause. Tout ce que put obtenir notre charitable intercesseur, ce fut que les deux prêtres ne partiraient point au lendemain pour l'Allemagne; qu'ils resteraient libres dans Corbeil, après avoir donné leur signature et fait le serment de n'en point sortir, et cela sous peine de mort.

En vain M. le Curé conjura-t-il son Excellence de descendre jusqu'à l'Eglise, pour jeter un coup d'œil seule-

ment sur ces pauvres pères de famille, dont plusieurs
étaient des vieillards si inoffensifs, si malheureux, si
innocents ; le général resta sur ses hauteurs, condam-
nant les pauvres civils, à poursuivre leur route vers
l'Allemagne.

Et notre bienfaiteur, lui, tout seul, descendit jusqu'à
nous, heureux au moins de nous apporter, à nous autres
prêtres, la nouvelle que nous n'aurions plus autant à
souffrir, puisque nous étions autorisés à attendre, dans
cette ville, les décisions des majestés allemandes sur
notre compte.

Cette nouvelle ne pouvait manquer assurément de
nous réjouir ; mais notre bonheur était loin d'être parfait.
Ce ne fut pas sans peine que le pasteur se vit séparé de
ses chers paroissiens : j'étais heureux, depuis Lorcy, de
partager leurs fatigues et leurs dangers, et je savais combien ma présence et mes paroles leur donnaient de courage dans cette voie douloureuse de la captivité. Néanmoins, je crus bien faire d'accepter l'offre qui m'était
faite, dans la pensée de leur être plus utile à Corbeil
devant les autorités allemandes, qu'en Allemagne même
où ils allaient manger le pain de l'exil.

La nuit se passa pour eux dans l'Eglise et pour nous
autres prêtres, après notre signature donnée, elle se
passa dans une des premières familles de Corbeil-sur-
Seine, celle de M. le Premier Président Habert qui nous
accueillit, lui et sa vénérable mère, comme des victimes
de cette guerre malheureuse à tous égards. Nous trouvâmes ainsi, M. l'abbé Peyre et moi, une hospitalité des
plus grandes et des plus généreuses.

Au lendemain, avant le départ des prisonniers je me
rendis auprès de mes infortunés compagnons, pour les
encourager sans doute, mais aussi pour leur donner l'as-

surance, qu'en restant à Corbeil auprès de nos juges militaires, je ne manquerais pas de plaider leur cause autant que la mienne ; en un mot, que je n'oublierais rien pour hâter leur délivrance.

Et ils partirent sans moi, le cœur bien gros, hélas ! car ils allaient en Prusse. Notre séparation ne se fit pas sans larmes de part et d'autre ; je les embrassai tous, en les conjurant de garder toujours, sinon la confiance dans la justice prussienne, au moins leur confiance en Dieu.

Après quelques jours passés dans la maison de l'excellent M. Habert, je fus prié par les Religieuses de la Quarantaine, de venir dans leur maison convertie en ambulance d'officiers prussiens et français, afin de leur procurer à elles et à quelques malades le bonheur d'une messe quotidienne dans leur chapelle.

Or, ce fut dans cette maison, que je passai le reste de ma captivité, et je dois ici remercier Dieu, après tant de souffrances et de privations endurées, de m'avoir ménagé une si douce prison, où j'avais le bonheur d'offrir chaque jour le Saint-Sacrifice.

Dès les premiers jours de mon arrivée à Corbeil, je me fis un devoir d'adresser à son Excellence le général de Golthe d'abord mes remercîments pour la bienveillance personnelle dont j'avais été l'objet, puis un rapport simple et fidèle, sur les évènements militaires qui avaient amenés mon arrestation et celle de mes paroissiens.

Plusieurs Messieurs de Corbeil, les insignes bienfaiteurs et protecteurs des prisonniers et en particulier M. de Birague et M. le Président Habert, qui avaient un facile accès auprès du général, voulurent bien lui présenter ce rapport, en l'appuyant de toutes leurs forces.

Le général, tout bienveillant qu'il fût d'ailleurs, ne voulut point prendre sur lui de prononcer sur notre compte. Il écrivit au Prince royal de Prusse. C'était le 7 décembre.

XIII.

De mon côté, je ne pouvais rester, non plus, si longtemps éloigné de ma paroisse, sans en donner avis à l'autorité diocésaine. J'écrivis donc à Monseigneur d'Orléans. Désireux de faire parvenir sûrement à Sa Grandeur cette lettre où il y avait aussi un exposé des faits, je m'adressai à un officier d'état-major prussien, en le priant d'en favoriser le départ par la poste prussienne. En voyant sur l'enveloppe le nom de Monseigneur Dupanloup, évêque d'Orléans, il l'ouvrit aussitôt pour en voir le contenu. Arrivé à l'endroit, où je priais très-humblement Sa Grandeur de plaider notre cause devant son altesse royale le Prince Charles, il secoua la tête et me dit ce mot sentencieux qui fut pour moi toute une révélation : « Factum est ! » — « C'en est fait de l'évêque d'Or- « léans, on ne lui accordera plus rien. Lui-même est notre « prisonnier. » En effet, j'appris d'autre part, qu'à la seconde entrée des Prussiens dans cette ville, Jean-Baptiste était tombé aux mains d'Hérode. Néanmoins j'insistai auprès de l'officier pour qu'il fît partir ma lettre, où je priais aussi Monseigneur, d'envoyer un prêtre dans ma paroisse, restée sans pasteur. Ma lettre partit, et l'illustre prisonnier d'Orléans voulut bien oublier ses propres épreuves pour me donner les meilleures consolations dans la lettre que voici :

Orléans, le 10 Janvier 1871

MON CHER CURÉ,

Votre lettre n'a fait que confirmer la douloureuse nouvelle que m'avait annoncée M. le doyen de Beaune-la-Rolande.

Nous avons tous beaucoup gémi de la triste méprise dont vous êtes victime.

Si mon témoignage pouva't vous venir en aide, j'attesterais bien volontiers et en toute conscience que, appliqué uniquement à votre ministère de paix, vous êtes certainement innocent des faits qui vous sont reprochés. Ce témoignage, j'ai la confiance que vos compagnons de captivité vous l'ont déjà rendu.

Il faut bien espérer que la lettre si bienveillante que son Excellence le général de Golthe a écrite au Prince en votre faveur, lui parviendra et que dans sa justice, il signera votre liberté.

Si son Altesse royale était à Orléans je m'empresserais de faire auprès d'Elle, une démarche à cet effet. Dès qu'il sera de retour, croyez que je ne négligerai rien pour obtenir votre délivrance.

Tout à vous bien affectueusement en Notre Seigneur.

+ FÉLIX, Evêque d'Orléans.

Cette lettre, on le comprend, était pour moi une pièce précieuse ; je la portai au général de Golhte. Son excellence la saisit vivement et la lut avec le plus grand intérêt comme un autographe de cet illustre évêque que tous les Prussiens voulaient voir à Orléans. Après l'avoir lue en entier le général me la remit en disant : « Monsieur le

« curé, écrivez à mon Roi, j'espère que dans sa bonté, il
« vous rendra à la liberté. »

Naturellement, je suivis ce conseil, demandant non-
seulement ma mise en liberté, mais celle aussi de mes
malheureux paroissiens qui gémissaient avec tant d'autres
dans les prisons de Dresde, au royaume de Saxe.

La liberté, elle ne vint point pour moi du côté de Versailles, mais bien du côté d'Orléans.

Ce fut le 25 janvier, trois jours avant la reddition de
Paris, que cette bonne nouvelle me fut annoncée par le
juge d'instruction prussien.

Et je partis de Corbeil, où pendant deux mois j'avais
entendu ces orages quotidiens du canon et ce bruit plus
affreux encore du bombardement de Paris. Rien d'at-
tristant comme ces sourds grondement de la guerre, surtout quand ils se font entendre au cœur de la patrie ;
on voudrait ne pas les écouter parce qu'ils sont comme
des voix de sang et de carnage. et cependant comment
y rester étranger et insensible quand on sait, à n'en
pouvoir douter, que dans ces heures terribles se débat-
tent les destinées de la France ?

EPILOGUE

Après deux mois d'absence, je revoyais enfin le clocher
de ma paroisse, où flottait encore le drapeau des ambulances. Mon retour au milieu de mon troupeau fut
marqué par bien des larmes. Nous étions partis en grand

nombre et je revenais seul ! Les femmes demandaient leurs maris, les enfants réclamaient leurs pères. Hélas ! ils gémissaient encore dans les prisons de la Saxe, malgré tous les efforts tentés par moi pour obtenir leur délivrance. Et il nous fallut attendre un long mois encore, pour nous voir tous réunis dans le Saint-Lieu, à cette messe d'actions de grâces, que nous avions promise sur le champ de bataille de Beaune-la-Rolande, et à laquelle fort heureusement tout le monde put assister. Quel bonheur de se retrouver tous ensemble, en pleine liberté, après avoir mangé si longtemps le pain du prisonnier ! Non, jamais nous n'avions aussi bien compris la vérité de cette parole de David : « *ecce quàm bonum et quàm jucundum habitare fratres in unum !* »

Je l'ai dit, je vis à mon retour, flotter sur l'Eglise de Lorcy, le drapeau de l'ambulance : car le sang avait coulé des deux côtés. Mon presbytère et l'Eglise étaient encore tout teints de sang. De nombreux blessés du 26 et du 28 novembre avaient reçu dans les trois ambulances les meilleurs soins, grâce au zèle et au dévouement de tous. N'est-ce pas un devoir sacré de se dévouer pour ces pauvres enfants de la France, qui s'étaient dévoués les premiers jusqu'à répandre leur sang? Aussi M. Joly, instituteur à Lorcy, aussi bien que les bonnes sœurs de St-Aignan et ma sœur, Mme Clément, aidée de fille, ne manquèrent point à ces devoirs de charité sa chrétienne.

Dès le premier jour de mon arrivée, j'appris de la bouche des témoins oculaires, des faits horribles et qui formeront tâche au drapeau de nos vainqueurs.

Un infortuné chasseur à cheval, le nommé Bourquard, s'était avancé le 26 novembre, jusque dans le village, en combattant; son cheval fut tué sous lui. Ce malheureux jeune homme voyant la retraite des français, s'était caché, au lieu de se rendre, dans un café du village. Or, au milieu de la nuit, la maison étant pleine de Prussiens, ce pauvre chasseur fut découvert! Nos ennemis coururent à leurs armes, et au lieu d'accorder la vie à ce pauvre militaire désarmé, nos braves le percèrent, malgré ses cris suppliants, de mille coups de baïonnettes. C'était vers minuit, tous les voisins ont entendu les cris de la victime.

Le cadavre resta le 27 et le 28 novembre exposé aux regards de tous. Nos soldats arrivés en vainqueurs à Lorcy purent le voir et en tirer une vengeance éclatante. Ils furent plus généreux que l'ennemi. Trois Prussiens cachés dans une écurie furent découverts et saisis par les nôtres. Sans doute le premier mouvement des Français, à la vue de leur compagnon d'armes ainsi massacré, fut un mouvement de vengeance, et ce semble de légitimes représailles ; mais à la prière de Mme Moreau, dont le mari pourtant avait tant souffert des Prussiens, ils se contentèrent de les faire prisonnier. Ils eurent la vie sauve.

Un autre fait et des plus graves encore, c'est que dans ce même combat du 26 novembre, un autre chasseur du 7e, nommé Jean Devienne, brigadier, ayant tourné le village, se trouva seul sur la route de Corbeilles, en présence d'un groupe de Prussiens cachés dans une maison ; — ils étaient douze contre un. — Le chasseur français, déjà blessé, demandait à se rendre ; il était tombé dans le fossé de la route. Les Prussiens coururent à son cheval et s'en emparèrent ; pour le cavalier, chacun de ces braves lui tira un coup de fusil, et cet infortuné repose avec tant d'autres, dans le cimetière de Lorcy.

Un autre chasseur, également brigadier, nommé Burnol, s'était battu le même jour à l'abri de son cheval tué

sous lui. Voyant la retraite de ses compagnons, il resta
sur le lieu du combat, à côté de son cheval abattu;
naturellement il demanda à se rendre; un groupe de
soldats prussiens, après avoir reçu sa carabine, allaient
le percer encore de leurs baïonnettes, quand un officier
arrivant, écarta ces barbares et sauva le cavalier.

Et maintenant que n'aurai je pas à dire, si je devais
raconter ici en détail toutes les vexations, les coups, les
injures qu'ont eu à subir non-seulement les Otages de
Beaune-la-Rolande, mais encore tous les Otages du Loi-
ret, théâtre sanglant de tant de combats ! Quelle liste
n'aurais-je pas à produire, si elle devait contenir le nom
de toutes les victimes ? Combien de prêtres vénérables,
tirés de leurs maisons, arrachés violemment de leurs
églises et conduits en captivité ? Combien de Maires et
d'Adjoints, de citoyens paisibles et pleins d'honneur, ont
passé par le chemin des Otages de Beaune-la-Rolande,
c'est-à-dire par tous les périls et même tous les tour-
ments ? Vraiment, en voyant la brutalité des Prussiens,
nous croyions que le monde avait reculé de 1500 ans et
que nous avions affaire, non plus à un peuple chrétien et
civilisé, mais à ces hordes barbares qui s'appelaient les
Huns, les soldats d'Attila.

Ne les ai-je pas vus à l'œuvre, en effet, ces vaillants,
durant mon long séjour à Corbeil-sur-Seine ? Quelle est
dans cette malheureuse ville, la maison qui ait été res-
pectée ? Quel est le citoyen qui n'ait pas à se plaindre
beaucoup ?

Comment ont-ils, en présence même de leurs chefs,
respecté cette Eglise catholique, qui leur était ouverte
jour et nuit, pour eux et pour nos infortunés prisonniers ?
Ce ne sont pas des Français, mais des Prussiens qui ont
brûlé, dans cette Eglise, plus de cinq cents chaises pour

faire leur soupe. Ce ne sont pas des Français, mais des Prussiens qui, sous les yeux du commandant de place, ont brisé le grand orgue, arraché les tuyaux, se promenant triomphalement, comme des bacchantes, dans les rues de la ville, avec ces débris du Saint-Lieu !

Quel respect ont-ils eu, les Prussiens, pour ce prêtre vénérable, le curé-doyen de Corbeil, qui s'ingéniait en toute façon pour secourir les blessés et les soldats des deux nations ? Ne l'ont-ils pas souvent injurié, bafoué, chassé de son Eglise, avec les menaces les plus insolentes ? Ne l'avons-nous pas vu plusieurs fois, les larmes aux yeux et le deuil dans l'âme, demander à Dieu de l'appeler à lui, pour ne pas voir plus longtemps l'abomination et la désolation, dans ce lieu saint et sacré, qu'il avait employé sa vie entière à orner et à embellir ?

Quelle reconnaissance ont-ils eue, les Prussiens, pour leurs insignes bienfaiteurs ? N'avons-nous pas vu un jour des soldats furieux poursuivre, le sabre à la main, ce jeune juge, la personnification de la charité chrétienne, M. de Birague, qui ne se donnait de repos ni le jour ni la nuit, tant il était appliqué à toutes les œuvres de la miséricorde envers les pauvres malades, les blessés, les prisonniers ? N'est-ce pas comme par miracle qu'à plusieurs reprises, il a échappé à leurs coups ?

Et puisqu'il faut tout dire, à la honte de la Prusse, comment se sont-ils conduits ces hauts personnages, ces brillants officiers, envers les personnes les plus respectables, les plus inoffensives et celles qui méritaient, avant tous les autres, leurs respects, leur sympathie, leur reconnaissance : je veux dire les bonnes religieuses de la Quarantaine, qui avaient spontanément et avant d'en être requis, ouvert leur vaste pensionnat au service des ambulances prussiennes ? A quoi leur a servi

devant ces ingrats leur zèle, leur dévouement de chaque
jour? Je le dirai en transcrivant ici une lettre de la
vénérée Sœur Supérieure, Sœur Stanislas.

Monsieur le Curé,

Décidément, je n'ai plus rien à vous envier; vous
avez été prisonnier et moi aussi, dans toute la force du
terme. J'ai été deux fois en 10 jours, et cela pendant
l'armistice, dans la prison de Corbeil, dans une des
loges consacrées aux femmes qui se font incarcérer; 12
heures la première fois, 24 heures la deuxième et cela,
Monsieur le curé, pour avoir fait des difficultés pour
loger des femmes (filles) suivantes de l'armée allemande,
telles que vous en avez pu voir souvent se présenter
chez nous, pendant votre longue captivité, de ces femmes
dont les officiers prussiens eux-mêmes faisaient si peu
de cas, quand ils disaient aux officiers français : « Vous
« êtes heureux, vous autres, d'avoir des religieuses pour
« soigner vos malades et vos blessés ; pour nous, en
« campagne, nous ne voyons jamais que ces oiseaux-là !
« (sic) »

Souvent pendant la guerre, j'avais gémi de ne pouvoir
fermer l'entrée de notre maison à ces créatures; je voulus
au moins jouir de ce droit pendant l'armistice. Donc,
j'envoyais dire au colonel Roudolph que je ne voulais
plus recevoir, à la Quarantaine, ces sortes de personnes.

Là-dessus, grande colère du Colonel. Lui-même, vers
10 heures du soir, arriva à notre maison, avec des soldats
armés pour m'emmener en prison, parce que j'avais ca-
lomnié, disait-il, ces honnêtes femmes !

Cette affaire est allée jusqu'à Versailles, auprès, devant
plutôt sa majeste l'Empereur de toutes les Allemagnes.

D'après le jugement royal, j'ai dû retourner en prison 24 heures de plus.

Cette vilaine affaire a fait plus de tort, je crois, aux majestés allemandes qu'à moi pauvre fille de la Sainte-Enfance. Quant à nos chères sœurs et moi, nous en avons été quittes pour les ennuis et la frayeur qu'ont éprouvés ces chères sœurs, qui étaient dans une désolation affreuse.

Pour moi, à cette heure d'épreuve, le bon Dieu m'a accordé grâce d'état. C'était vraiment le cas. J'ai même dormi quelques heures dans ma prison, sur ma paillasse. J'ai reçu la visite de M. de Birague et celle des bonnes sœurs de Saint-Vincent de Paul, pendant la dernière journée de ma détention.

Quand donc, Monsieur le curé, serons-nous débarrassés tout à fait de ces Allemands ! Ils ont occupé notre maison jusqu'au 15 mars ! Quel bonheur ce jour-là ! comme nous nous sommes toutes mises à l'ouvrage ! Car notre maison était devenue une vraie écurie, partout où ces braves coquins avaient plus ou moins séjourné. Les murs, le parquet, les lits, les tables, les chaises, les meubles, la vaisselle, etc., etc. tout a dû être par nous recuré, nettoyé, brûlé, lessivé. Non, je ne croirai jamais, que la Prusse puisse devenir la première nation du monde !

Cette lettre se passe facilement de tout commentaire. Combien de faits de sauvage férocité se sont passés dans cette guerre affreuse ! Combien l'histoire aura à signaler d'actes de félonie à l'adresse de la Prusse ?

Non, qu'on ne vante plus autant l'honneur militaire de ceux que nous sommes réduits à appeler nos vainqueurs !

Non, qu'ils ne viennent plus colporter dans le monde entier ces mensonges, que la France est sans honneur et ses officiers sans respect pour la foi jurée. Le récit simple et fidèle des Otages de Beaune-la-Rolande est suffisant, je crois, à établir le *point* d'honneur de tous ces Allemands.

Non, ils n'ont rien oublié pour mettre le comble à l'injure, à la férocité, à la dévastation, au malheur de la France ! S'ils ont su vaincre, ils ont profité de la force jusqu'à dégouter vraiment de la victoire !

Et maintenant que dirai-je de plus ? Je finirai par ce trait éloquent de Monsieur l'archidiacre de Pithiviers, dans son remarquable discours de l'anniversaire de la bataille de Beaune-la-Rolande : « Messieurs, dit l'orateur, le Seigneur un jour conduisit en esprit son Prophète dans un champ couvert d'ossements desséchés. « Pensez-vous, ô Prophète, ait le Seigneur, que tous « ces morts puissent revivre ? — Oui, vraiment, répon- « dit Ezéchiel ; ils peuvent revivre en votre nom tout- « puissant ! — Eh bien, ajouta le Seigneur, soufflez, ô « Prophète de Dieu, sur ces ossements desséchés pour « leur donner une vie nouvelle ! — Je soufflai sur eux, « au nom du Seigneur, et je vis tous ces morts se « dresser devant moi, comme une grande armée. »

Ce champ des morts, c'est le champ de bataille de Beaune-la-Rolande, qui s'étend si loin devant nos yeux ; ces ossements sont ceux de nos soldats morts pour la patrie. L'esprit de Dieu, qui est un esprit de vie religieuse, se fera entendre à la France de chacune des tombes de ces chers et glorieux défunts et cette France, un instant humiliée, abattue, se relèvera comme une grande nation plus forte que jamais.

Eh bien, ajouterai-je, en m'inspirant toujours de cette belle pensée, si dans un avenir que Dieu seul connait,

mais dont chacun peut avoir déjà l'heureux pressenti-
ment, si notre France achève ce grand ouvrage de sa
régénération morale et religieuse, et qu'Elle soit un jour
appelée, par le sort des batailles, à passer le Rhin, que
la Prusse tremble pour elle et pour ses enfants, car
dans ce jour-là, la revanche sera terrible : *Dies iræ,
dies illa!* . . . .

Monseigneur,

Je termine ici le douloureux, mais fidèle exposé des épreuves des 40 Otages de Beaune-la-Rolande. Bien des prêtres de votre diocèse ont passé, comme nous, par cette voie douloureuse ; bien des prêtres ont répandu, comme nous, leur sang, sous le sabre de nos farouches vainqueurs.

Vous même, Monseigneur, vous avez goûté à ce calice amer de la captivité, au milieu de ce cher peuple d'Orléans, qui avait si grand besoin, pourtant, dans ces jours-là, de la présence vénérée et des consolations de son premier Pasteur, qui était pour lui, tout le monde le sait, son dernier rempart contre l'ennemi.

Fasse le ciel, que ces jours de terreur ne reviennent jamais à l'horizon de notre France ; fasse le ciel, que la patrie en deuil, comprenne enfin que son meilleur allié, c'est Dieu, et qu'elle ne retrouvera le rang qui lui est dû parmi les nations, qu'en s gnant résolûment avec Lui un traité de paix et d'amitié pour toujours.

Veuillez agréer, Monseigneur, les sentiments de profond respect avec lesquels, j'ai l'honneur d'être, Monseigneur, de Votre Grandeur, le très-humble et très-obéissant serviteur,

L'abbé Garreau,

Curé de Pithiviers-le-Vieil, ancien curé de Lorcy, l'un des Otages de Beaune-la-Rolande.

Pithiviers, Imp. Chanu.

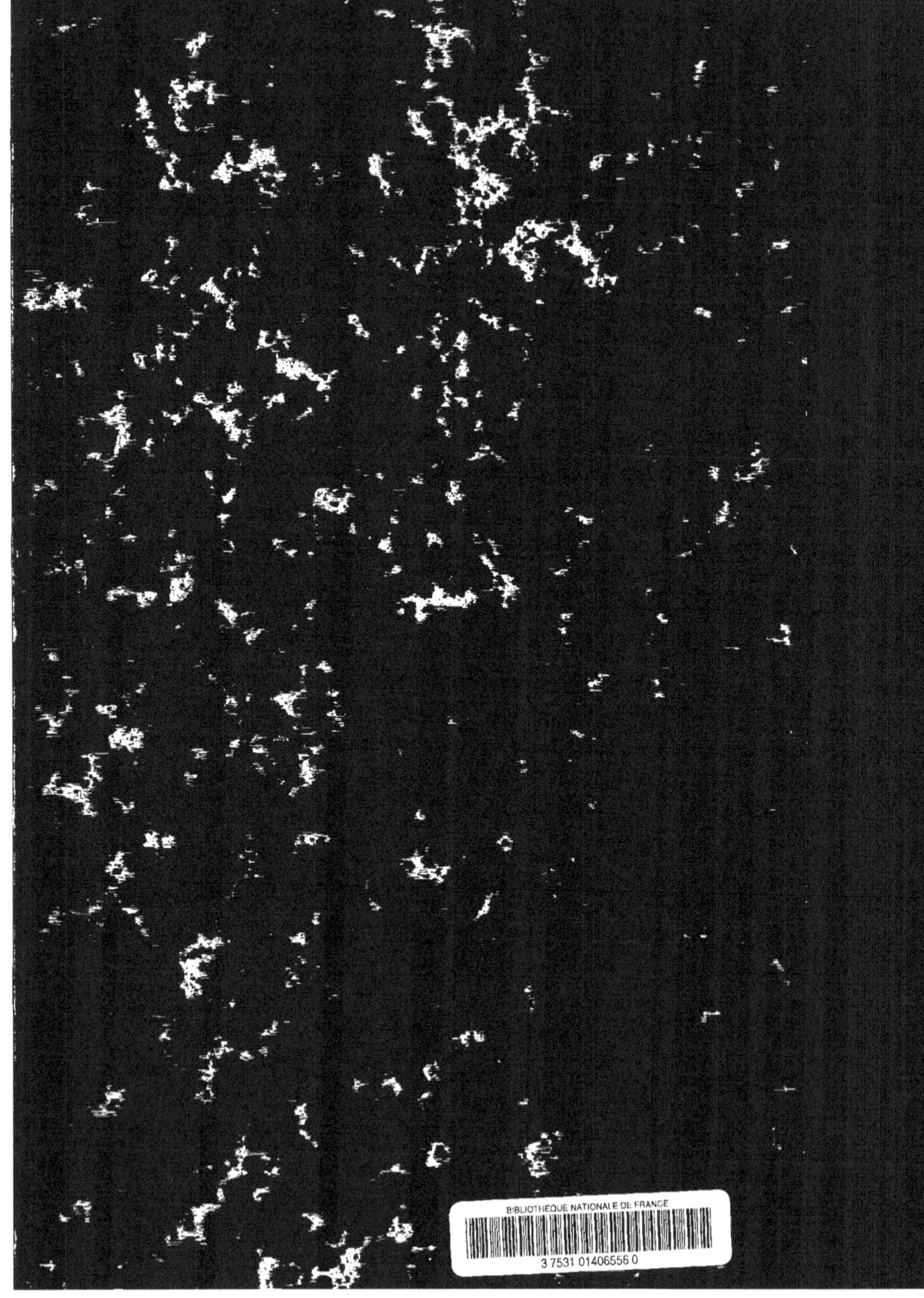

9 782013 340960